극저작물과 저작권

극저작물과 저작권

2017년 5월 20일 초판 1쇄 인쇄
2017년 5월 30일 초판 1쇄 발행

지은이 하병현, 윤용근
발행인 손건
편집기획 김상배, 홍미경
마케팅 이언영
디자인 김지영
제작 최승용
인쇄 선경프린테크

발행처 LanCom 랜컴
주소 서울시 영등포구 영신로 38길 17
등록번호 제 312-2006-00060호
전화 02) 2634-0178 02) 2636-0895
팩스 02) 2636-0896
홈페이지 www.lancom.co.kr

ISBN 979-11-88112-04-3   03300

저작권 시리즈 4

하병현 · 윤용근 지음

극저작물과 저작권

북스데이
BOOK'S DAY

머리말

영화나 드라마가 개봉이나 방영을 앞두고 저작권 문제로 시끄러워지는 경우가 종종 있다. 필자도 여러 경로를 통해 이런저런 이유로 저작권 침해를 의심하는 사람들의 문의를 받곤 하는데, 그 가운데 저작권 침해로 인정될 만한 것들은 거의 없다. 왜냐하면 문의하는 사람들이 저작권 침해의 근거로 제시하는 것들이 대부분 저작권법적으로 보호받을 수 없는 아이디어거나 누구나 이용 가능한 공중의 영역에 있는 것들이기 때문이다.

저작권법은 창작성 있는 표현만을 그 보호 대상으로 삼고 있다. 따라서 아무리 타인의 독창적인 아이디어를 베끼더라도 실제 현출된 구체적인 표현이 서로 다르다면 저작권 침해 문제는 발생하지 않게 된다. 이것이 바로 저작권법의 한계이면서 새로운 문화 향상·발전을 위한 저작권법의 목적에 부합하는 것이기도 하다. 영화나 드라마 등 극적저작물과 관련된 저작권 침해 사건에서 실제 저작권 침해로 인정되는 경우가 거의 없는 것도 이러한 이유 때문이다.

그런데 저작권에 대해 잘 알지 못하는 보통 사람들의 입장에서는 이러한 저작권법의 심오한 법리를 이해하는 것이 쉽지 않기 때문에 "분명히 내 것을 베꼈는데, 왜 저작권 침해가 아니지?"라는 의문을 당연히 품게 된다. 극적저작물을 창작하는 사람들 역시 자신의 작품이 타인의 저작권을 침해하는 것인지 또는 타인의 작품이 자신의 저작권을 침해한 것인지 명확히 알 수가 없어서 혼란스러워 하는 경우가 많다.

우리는 마음만 먹으면 언제 어느 때고 보고 싶은 영화나 드라마를 볼 수 있다. 그런데 장르가 같은 경우에는 아주 특이한 경우를 제외하고는 대부분 소재나 주제가 비슷하다. 특히 역사물은 더욱 그렇다. 그리고 이러한 소재나 주제, 역사적인 사실은 우리 모두의 것이다. 그러나 누구든지 이용할 수 있고, 같은 소재나 주제, 같은 역사적 사실이라도 구체적으로 표현할 수 있는 방법은 무궁무진하기 때문에 극적저작물의 구체적인 줄거리나 사건의 전개 등이 서로 다르면 다른 저작물에 해당한다.

물론 극적저작물을 이루고 있는 하나하나가 비록 저작권법적으로 보호받을 수 없는 아이디어 등에 해당하더라도 그것의 조합과 배열 등에 창작성이 있다면, 그러한 조합을 베낀 것은 저작권 침해가 될 여지는 있다.

이처럼 극적저작물은 다른 저작물과는 달리 저작권 침해 여부를 판단할 때 동원되는 판단 기준이 많다. 그래서 극적저작물의 저작권 판단이 좀 더 어렵게 느껴지는 것도 사실이다. 이에 필자는 이 책에서 극적저작물 관련 여러 이슈들을 최대한 쉽게 압축적으로 담아보려고 노력했다. 이러한 필자의 마음이 극적저작물의 관련자들과 이 책을 읽는 모든 독자들에게 고스란히 전해질 수 있기를 바래 본다.

전작 〈캐릭터와 저작권〉, 〈음악과 저작권〉, 〈미술과 저작권〉에 보여주신 독자 여러분의 뜻밖의 격려와 응원에 뿌듯한 기쁨과 감사를 드린다. 네 번째 책 〈극저작물과 저작권〉도 좋은 책이 되길 기원하며, 독자들이 필요에 따라 분야별로 골라 읽을 수 있도록 다양한 저작권 관련 책을 계속 출간할 예정이다.

앞으로도 독자 여러분의 많은 관심을 부탁드리며, 끝으로 이 책이 나오기까지 도움을 주신 모든 분들과 특히 바쁜 변호사 업무에도 불구하고 이 책을 위해 판례와 자료검색에 도움을 준 이선행·정상경 변호사에게 깊은 감사의 마음을 전한다.

2017. 2.
여의도 사무실에서 따뜻한 봄을 기다리며

목차

PART 01 극적저작물의 저작권에 관한 얘기를 시작하며 15

PART 02 핵심만 요약한 저작권법 사용설명서 21

1 개 요 22

2 저작물 24

3 저작권 33

4 저작(권)자 45

5 저작권 침해 50

6 공정이용 58

PART 03 극적저작물의 저작물성 판단 기준 61

1 들어가며 62

2 아이디어와 표현의 구별 65

3 표준적 삽화 또는 필수 장면 78

4 종래 표현 또는 통상적인 표현 83

5 극적저작물의 제목 88

6 2차적저작물성 여부 94

PART
04 극적저작물의 저작(권)자와 그 이용 101

1 일반적인 경우 102

2 극적저작물의 공동저작(권)자와 그 이용 116

3 극적저작물의 저작권 양도 129

PART
05 극적저작물 저작재산권과 저작인격권 139

1 들어가며 140

2 저작재산권 142

3 저작인격권 147

PART
06 극적저작물 저작권 침해 판단 기준과 그에 따른 손해배상 .
.... 155

1 극적저작물의 저작권 침해 판단 기준 156

2 극적저작물의 저작권 침해에 따른 손해배상 174

PART
07 극적저작물의 공정이용 189

1 공표된 저작물의 인용 191

2 사적이용을 위한 복제 203

3 저작물의 공정한 이용 208

PART
08 명예훼손 또는 인격권 침해 등을 이유로 한 상영·방영 금지청구 209

1 개 요 210

2 명예권 또는 인격권 vs 표현의 자유와 상영금지 여부 211

3 실제 사건이나 실존 인물을 모델로 한 영화나 드라마 222

PART
09 성명·초상권 등과 퍼블리시티권 251

1 개 요 252

2 성명·초상권 등 253

3 퍼블리시티권 257

4 관련 판례 260

PART
10 기타 영상저작물 관련 저작권 사례 279

1 TV 프로그램 포맷의 저작물성 280

2 영상저작물에 대한 특례 293

3 음란물의 저작물성 302

사건별 목차

만화 〈바람의 나라〉 vs 드라마 시놉시스 〈태왕사신기〉 사건 66

영화 〈클래식〉 vs 드라마 〈사랑비〉 사건 80

희곡 〈키스〉 vs 영화 〈왕의 남자〉 사건 85

소설 〈애마부인〉 vs 영화 〈애마부인 5〉 사건 89

영화 〈혼자 사는 여자〉 사건 92

수필 〈친정엄마〉 vs 연극 〈친정엄마〉 사건 96

〈6년째 연애 중〉 사건 105

〈드라마 김수로 극본작가 크레디트〉 사건 110

영화 〈두사부일체〉 vs 영화 〈투사부일체〉 사건 124

뮤지컬 〈무궁화의 여왕 선덕〉 vs 드라마 〈선덕여왕〉 사건 160

드라마 〈사랑이 뭐길래〉 vs 드라마 〈여우와 솜사탕〉 사건 178

영화 〈러브레터〉 vs 영화 〈해피 에로 크리스마스〉 사건 193

영화 〈대괴수 용가리〉 사건 198

〈불법 다운로드〉 사건 204

영화 〈천안함 프로젝트〉 사건 214

영화 〈방황하는 칼날〉 219

영화 〈실미도〉 사건..224

영화 〈그때 그 사람들〉 사건................................236

드라마 〈궁중잔혹사─꽃들의 전쟁〉 사건..............247

드라마 〈김수로〉 사건...249

드라마 〈임꺽정 인물화〉 사건..............................261

〈백지영 사진〉 사건...263

〈수퍼쥬니어 등 사진〉 사건.................................266

〈장동건 등 성명·사진〉 사건................................269

〈연예인 성명 키워드〉 사건.................................271

〈닮은 꼴 연예인 어플리케이션〉 사건...................274

SBS 〈짝〉 vs SNL 코리아 〈짝〉 사건....................282

〈가라오케용 LD〉 사건...297

PART

01

∶

극적저작물의
저작권에 관한
얘기를 시작하며

우리는 종종 영화(이하 애니메이션을 포함하여 '영화'라고 함)나 드라마를 보다가 '저 장면 어디서 본 것 같은데?' '저런 장면들은 너무 통속적이고 흔해!'라고 생각할 때가 있다. 영화나 드라마 속 이야기나 장면들이 진부하게 느껴지는 것이다. 왜? 그건 아마도 오랫동안 이어져 내려온 인간의 삶 속에서 우리가 느껴왔고 지금도 여전히 느끼고 있는 '희노애락에 관한 인간의 보편적인 감정들'과 시대를 막론하고 치열하게 고뇌하면서 그 해답을 찾고자 했던 '삶에 대한 근원적인 고민들'—인간이 걸어왔던 기나긴 시간들과 그들이 처해왔던 수많은 역사적·사회적 상황들이 각각 달랐다 해도—에 대한 본질적인 측면들은 예나 지금이나 크게 다르지 않다는 데에 있을 것이다. 그리고 누구나 자유롭게 이용 가능한 소재 또는 주제, 역사적인 사실들이 끊임없이 반복되기 때문일 것이다.

아무튼 드라마나 영화에서 취할 수 있는 플롯 등의 형태는 제한적일 수밖에 없고, 그 속에서 형성되는 추상적인 등장인물들의 설정, 사건 전개 역시 전형성을 띨 가능성이 높을 수밖에 없다. 이러한 이유로 시청자들이나 관객들은 표절 의혹을 제기하거나 진부함을 느끼게 되는 것일 테지만 저작권법에서는 '표현된 창작물'만을 저작물로 보호하고, 구체적 표현에 해당하지 않는 아이디어는 그것의 창작성 여부와는 무관하게 보호하지 않는다.

그러나 극적저작물은 위에서 언급한 인간의 보편적인 가치들을 바탕으로 하는 전형적인 사건들만 담고 있는 것이 아니다. 다른 극적저작물들과는 뚜렷이 구별되는 구체적인 줄거리, 플롯, 복잡하고 독창적인 등장인물들의 성격과 역할, 등장인물들 간의 관계 설정을 통한 사건 전개를 담아 해당 작품만이 가지는 고유한 창작성이 가미되는 것이다.

따라서 영화나 드라마 속에서 연출되는 상황들이나 장면들이 인간과 삶에 대한 보편적인 가치들을 표현하는 과정에서 상호 유사성을 띄는 것이라면 이는 아이디어에 불과한 것이거나 만인이 공유할 수 있는 공중의 영역(Public Domain)에 속하는 소재 등을 이용한 결과라고 할 수 있고, 이러한 것들은 누가 이용하더라도 저작권법적으로는 문제되지 않는다. 그러나 그러한 유사성이 특정 작품만이 가지는 독창적인 요소들의 차용에 의한 것이라면 표절의 범주에 들기 때문에 저작권법적으로 논란이 될 소지가 다분히 있게 된다.

이와 관련하여 법원에서는 극적저작물 간의 유사성이 소재나 주제, 사상, 감정 그 자체에 기인한 경우에는 아이디어에 해당되어 저작권법상 보호를 받을 수 없다고 판단하고, 비슷한 장면이 아이디어에 해당하는 주제 등을 다루는 데에 있어 전형적으로 수반되는 사건이나 배경인 경우에는 '표준적 삽화 내지 필수 장면'이라고 하여 저작권법에 의한 보호를 받을 수 없다고 판단하고 있다.

반면에 극적저작물 간의 유사성이 아이디어에 해당하는 사상이나 주제의 유사성을 넘어 그 사상이나 주제가 구체화되는 사건의 구성 및 전개 과정과 등장인물의 교차 등에 공통점이 있는 경우에는 양 극적저작물이 실질적으로 비슷한 것이 되어 저작권 침해 문제가 발생하게 된다.

이러한 구분에 따른 판단의 상이함은 창작적 표현 형식만을 그 보호 대상으로 삼고 있는 저작권의 본질적인 부분과 직접적으로 맞닿아 있는 것이고, 더 나아가 저작자의 보호와 저작물의 공정한 이용 도모를 통한 문화 및 관련 산업의 향상 발전이라는 저작권법의 목적과도 밀접한 관련성을 갖는다.

그러나 실무에서 특정 극적저작물의 내용이 아이디어에 해당하는지, 표준적 삽화 내지 필수 장면에 해당하는지, 아니면 구체적인 표현 형식에 해당하는지에 관한 판단은 저작권에 관한 고도의 전문성과 법적 통찰력이 있어야만 가능하다. 그러나 그런 소양을 갖추고 있다고 해도 아이디어와 표현의 이분론 등에 관한 판단 기준의 모호함과 그 경계의 불명확성, 극적저작물에 관한 저작권을 바라보는 판단 주체의 태도에 따라 결론이 상이하게 도출될 수도 있다.

심지어는 법원조차도 극적저작물의 저작권 침해 여부를 다룬 동일 사건에서 종종 심급(1심, 2심, 3심)에 따라 전혀 상반된 결론을 내릴 정도로 극적저작물의 저작권 침해 여부에 관한 판단은 쉬운 일이 아니고, 어쩌면 그것은 저작권을 둘러싸고 있는 그 시대의 사조나 환경에 따라 그 모습을 조금씩 달리할 수도 있는 것이다.

분명한 것은 극적저작물의 저작권 침해 여부에 관한 판단은 그것만이 가지는 여러 특유성과 고유성을 충분히 고려하여 창작자의 창작 의욕을 고취시키면서 문화도 함께 향상 발전할 수 있는 토대를 마련한다는 기초 하에서 이루어져야만 한다는 것이고, 이를 위해서는 향후 이 분야에 대한 저작권 연구가 보다 활발히 이루어져야 할 것이다.

이 책에서는 우리 법원이 어떤 기준에 따라 극적저작물의 저작권 침해 여부를 판단하고 있고, 그 판단의 저변에는 어떠한 논리가 깔려 있는지, 우리에게 익숙한 여러 사례들을 세세하게 살펴 알아보도록 하겠다.

이를 통해 영화나 드라마 제작의 1차적 기여자라고 할 수 있는 시나리오 및 대본 작가들은 물론, 그 제작을 위해 상당한 노력과 비용을 투자한 여러 영화 및 드라마 관계자들이 그것의 상영 및 방송을 앞둔 시점 내지 그 중간에 저작권 침해라는 예기치 못한 장벽에 부딪히지 않고 순탄한 항해를 해나갈 수 있기를 기원한다.

다만, 극적저작물의 저작권에 관해 본격적으로 살펴보기에 앞서, 저작권과 관련된 기본적인 내용들을 숙지하고 그 기초를 다짐으로써 저작권을 바라보는 안목을 키울 필요가 있을 것으로 생각된다. 이에 다음 Part 2에는 극적저작물의 저작권 침해 여부를 판단함에 있어서 거의 전부라고 해도 과언이 아닌 '저작물성'에 관한 내용을 비롯하여 저작권 전반을 이해하기 위한 여러 핵심적인 내용들을 담았다. 독자들은 이 부분을 한 번 정독하는 것이 이 책에 있는 극적 저작물과 관련된 사례들을 보다 깊이 있게 이해하는데 도움이 될 것으로 생각된다.

영화나 드라마는 우리의 일상을 대변해주기도 하고, 때론 우리가 꿈꿔왔던 수만 가지의 세상을 보여주기도 한다. 그리고 현대는 미디어와 기술의 발달과 더불어 언제든 쉽고 편하게 이들을 접할 수가 있는 세상이다. 지금 관객들이나 시청자들은 그 어느 때보다도 객관적이고 냉철한 눈으로 영화나 드라마를 지켜보고 있다.

따라서 영화나 드라마의 제작 관계자들은 이러한 관객들이나 시청자들의 눈높이에 맞춰서 보다 창의적이고 참신한 소재와 플롯 등의 개발을 통해 저작권 문제가 작품의 본질을 가려버리는 일이 발생하지 않도록 제작 초기부터 저작권에 관하여 신중하게 검토할 필요가 있을 것이다.

그럼 지금부터 그동안 우리가 대략적으로만 알고 있었거나 미처 알지 못했던 극적저작물의 저작권에 관한 여러 가지 이야기를 해나가도록 하겠다.

PART

02

∙
∙
∙
∙
∙
∙

핵심만 요약한
저작권법
사용설명서

개요

저작권 침해 사건에서는 보통 저작권 침해를 주장하는 사람은 "네 것이 내 것과 똑같거나 비슷하다"라고 주장하고, 상대방은 그 반대로 "내 것은 네 것과 똑같지도 비슷하지도 않다"라고 반박한다. 물론 그런 경우에 어느 한쪽이 틀렸다고 딱 잘라 단정하기 어렵고, 각자의 주장에 나름대로의 논리가 있다 해도 실제 저작권 소송에서는 이렇게 단순한 반박 논리만으로 자신의 주장을 관철시킬 수 없기 때문에 자신의 주장을 뒷받침하는 뚜렷한 근거를 제시할 필요가 있다. 그래서 저작권에 관한 전체적인 개요를 먼저 알 필요가 있는 것이다.

예를 들어, 갑은 을이 만든 B 콘텐츠가 자신이 창작한 A 콘텐츠와 똑같거나 비슷하다고 하면서 저작권 침해를 주장하고 있다. 이 경우 을은 뭐라고 반박하면 될까? 보통은 앞에서 본 것처럼 "B는 A와 똑같지도 않고 비슷하지도 않다!"라고 주장하게 될 것이다. 그런데 누가 봐도 B가 A와 똑같거나 실질적으로 비슷하다면 어떻게 해야 할까?

그냥 저작권을 침해했다는 사실을 인정해야 할까? 을의 입장에서는 절대로 인정할 수 없는 상황이라도 입 꾹 다물고 그저 갑이 청구하는 손해배상금액이 많다는 것만 다투어야 할까? 결론부터 말하면 절대로 그렇지 않다!

갑의 저작권을 침해당했다고 주장하기 위해서는, ① 갑이 창작한 A가 저작권법상 보호받을 수 있는 저작물이어야 하고, ② 그 저작권자가 갑이어야 하며, ③ 을이 정당한 권원(행위를 정당화하는 법률적 원인) 없이 A를 보고 A와 똑같거나 실질적으로 비슷한 B를 만들었어야만 한다. 이 세 가지 모두를 충족해야만 비로소 '을은 갑의 저작권을 침해했다'고 할 수 있는 것이다. 그렇다면 이렇게 B가 A와 똑같거나 실질적으로 비슷한 경우에 을은 어떻게 반박할 수 있을까? 을은 크게 세 가지를 주장할 수 있다.

첫째, 갑이 창작했다는 A는 저작물이 아니다.
둘째, A가 저작물이라 하더라도 갑은 저작권자가 아니다.
셋째, A를 보고(의거해서) B를 만든 것이 아니다.

이 세 가지 가운데 어느 하나라도 입증할 수 있으면 을은 갑의 저작권을 침해하지 않은 것이 된다. 따라서 이 세 가지는 저작권 침해 사건에서 방어자가 항상 마음속에 새겨 두고 있어야 하는 가장 기본적이고 중요한 반박 논리라고 할 수 있다.

12
저작물

저작물은 '인간의 사상이나 감정을 표현한 창작물'이다.

저작권 침해 사건에서 당사자들이 가장 치열하게 다투는 것이 바로 저작물성에 관한 것이다. 앞에서 예를 든 것처럼 A가 저작물이 아니라면 갑은 A에 대해 저작권을 가지지 못하고, 그렇게 되면 갑은 저작권자가 아니므로 을을 포함한 그 누구에게도 저작권 침해를 주장할 수 없게 된다. 따라서 을은 갑이 만든 A가 저작물이 아니라는 것을 주장하고 입증할 필요가 있다.

저작물은 '인간의 사상이나 감정을 표현한 창작물'이라고 정의된다(저작권법 제2조 제1호). 따라서 저작물이 되기 위해서는 ① 인간이 만들어야 하고 ② 표현되어야 하며 ③ 창작성이 있어야 한다. 저작물이 되기 위해서는 이 세 가지 요건 모두를 반드시 충족해야 하기 때문에 이들 요건 가운데 어느 하나라도 흠결이 생기면 저작물이 아니게 된다. 그렇다면 A의 저작물성 여부와 관련된 B의 반박 논리는 이미 정해져 있는 셈이다.

첫째, A는 인간이 만든 것이 아니다.

둘째, A는 표현된 것이 아닌 아이디어에 불과할 뿐이다.

셋째, A는 창작성이 없다.

1 저작물은 **인간**이 만든 것이어야 한다.

저작물은 인간이 만든 것이어야만 한다. 외국에서는 원숭이
가 촬영한 셀카 사진이 저작물에 해당하는지 여부가 문제된
경우가 있었지만, 이와 관련하여 크게 이슈가 된 경우는 현
재까지 거의 없다. 참고로 그 사건에서 법원은 원숭이 셀카
사진은 인간이 아닌 원숭이가 찍은 것이기 때문에 저작물이
아니라는 판결을 내렸다.

물론 앞으로는 알파고와 같은 인공지능(AI)이 그린 그림이나
문학작품 등이 저작물에 해당하는지 여부가 문제될 가능성
도 있다. 그러나 이러한 것들은 아직 현실적으로 크게 문제
되는 경우가 없고, 추후 저작권법의 개정 등 보다 심도 있는
논의가 필요한 영역이기 때문에 이 책에서는 이에 관한 추가
적인 논의는 생략하기로 한다.

2 저작물은 **표현**되어 있어야 한다.

저작물이 되기 위해서는 표현되어 있어야 한다. 저작권법
은 표현된 것만을 그 보호 대상으로 삼고 있기 때문에 표현
되지 않은 아이디어는 저작권법상 보호 대상이 아니다. 이

를 '아이디어와 표현의 이분론'이라고 하는데 요약하면 '아이디어는 그것이 아무리 독창성이 있어도 저작권법상으로는 보호받지 못한다'는 이론이다. 그래서 다른 사람의 아이디어를 무단으로 빌려 쓰더라도 표현을 베끼는 것이 아니기 때문에 도덕적으로는 문제가 될지언정 저작권 침해에는 해당하지 않게 된다.

예를 들어, 갑이 창작한 캐릭터 A와 을이 만든 캐릭터 B는 모두 머리가 크고 몸이 작은 형상을 하고 있지만 구체적인 디자인은 전혀 다르다고 하자. 이런 경우에 갑이 을에게 저작권 침해를 주장한다면 그 주장의 내용은 A와 B 모두 '머리가 크고 몸이 작다'는 점이 같다는 것이다.

그런데 캐릭터의 머리가 크고 몸이 작다는 것은 구체적인 표현을 의미하는 것이 아니다. 머리가 크고 몸이 작다고 했을 때, 그것은 단지 머리 비율과 몸의 비율이 정상적인 인간이나 동물의 형상과 다를 뿐 표현하는 사람에 따라 얼마든지 달라질 수 있는 것이어서, 이를 그림으로 표현할 수 있는 방법은 무한대라고 할 수 있기 때문이다.

이처럼 표현되지 않은 관념 등을 아이디어라고 하고, 이러한 아이디어는 그것이 기술적 사상 등으로 특허법상 보호되는 것은 별론으로 하고, 저작권법상으로는 어떠한 경우에도 보호받지 못한다.

3 저작물은 **창작성**이 있어야 한다.

저작물이 되기 위해서는 그것이 창작성 있는 창작물이어야 한다. 창작물은 '저작자 자신의 작품으로서 남의 것을 베낀 것이 아니면 되고, 그 수준이 높아야 할 필요도 없다. 다만, 저작권법에 의한 보호를 받을 가치가 있는 정도로 최소한도의 창작성은 있어야 한다.[1] 그래서 A와 B가 그 표현에 있어서 동일성 또는 실질적 유사성이 있는 경우라면, 을은 A가 창작물이 아니라고 주장하는 것 말고는 별다른 방법이 없다. 이런 경우에 을은 어떤 주장을 할 수 있을까? 크게 네 가지를 주장할 수 있다.

첫째, 그것은 누구라도 그렇게 밖에는 표현할 수 없다.
둘째, 종래부터 이미 존재하던 표현이다.
셋째, 통상적인 표현이다.
넷째, 문구가 짧고 의미가 단순해서 사상이나 감정의 표현이라고 할 수 없다.

(1) 누구나 그렇게 표현할 수밖에 없는 것은 창작물이 아니다.

저작물을 표현할 수 있는 방법이 제한적이어서 누구라도 그렇게 표현할 수밖에 없는 경우라면 그러한 것은 창작물이라고 할 수 없다. 이를 '아이디어와 표현의 합체'라고 한다.

---

1) 대법원 1997. 11. 25. 선고 97도2227 판결 참조

만일 이러한 것을 창작물로 인정해서 그것을 맨 처음 표현한 사람에게 저작권을 부여한다면, 그 후 그것을 그렇게 표현할 수밖에 없는 다른 사람들은 항상 맨 처음 표현한 사람의 저작권을 침해할 수밖에 없게 된다. 또한 맨 처음 표현했다고 주장하는 사람 이전에도 다른 누군가가 그것을 똑같이 또는 거의 비슷하게 표현했을 가능성이 상당히 높기 때문에 결국 그것은 누구의 창작물인지 정확하게 가릴 수 없는 경우가 되어버린다. 따라서 이러한 저작물의 경우에는 그것과 똑같거나 거의 비슷하게 표현했더라도 타인의 창작물을 베낀 것이라고 볼 수는 없기 때문에 저작권 침해라고 하지 않는다.

예를 들어, 갑이 디자인한 야구 방망이 A와 을이 디자인한 야구 방망이 B가 서로 똑같거나 거의 비슷하다고 하자. 이런 경우에 만일 갑이 A와 B가 서로 똑같거나 거의 비슷하다는 이유를 들어 저작권 침해라고 주장한다면, 이 경우 을은 뭐라고 해야 할까?
이처럼 외관상으로 볼 때 A와 B가 똑같거나 실질적으로 비슷한 경우에는, 단순히 똑같지 않다거나 실질적으로 비슷하지 않다고 주장하는 것은 아무 소용이 없으니 다른 반박 논리를 찾아야만 한다. 그럴 때 필요한 것이 바로 아이디어와 표현의 합체! A는 이렇게 주장할 수 있다.

"누가 그리더라도 야구 방망이는 그렇게 그릴 수밖에 없다. 그런데 갑이 먼저 야구 방망이를 그렸다고 해서 그것이 창작성이 있는 저작물이 된다면, 그 이후에 야구 방망이를 그리는 사람들은 모두 갑의 저작권을 침해하게 된다는 것인데, 이건 말이 안 된다. 그리고 갑이 그린 야구 방망이와 똑같거나 거의 비슷한 야구방망이 그림은 갑이 A를 그리기 이전에도 많이 있었다."

창작물은 거기에 저작자의 개성과 독창성이 녹아 있어야 한다. 그런데 누가 하더라도 그렇게 표현할 수밖에 없는 경우라면 거기에 그 저작자만의 개성과 독창성이 녹아 있다고 할 수는 없을 것이다. 따라서 이러한 경우는 저작물이 될 수가 없는데, 그 이유는 물론 창작성이 없기 때문이다.

(2) 종래부터 이미 존재한 표현은 창작물이 아니다.

저작권 침해라고 주장되는 부분과 똑같거나 거의 비슷한 표현이 종래부터 이미 존재하고 있는 경우라면, 그것은 저작권 침해를 주장하는 사람의 창작물이라고 할 수 없다. 때문에 이런 경우 누군가 그 표현과 같거나 비슷한 것을 만들었더라도 이를 저작권 침해라고 할 수는 없다. 물론 그 종래 표현의 저작권자가 저작권 침해를 주장한다면 다른 특별한 방어 논리가 없는 한 저작권 침해가 되는 것은 어쩔 수가 없다. 그러나 분명한 건 저작권 침해를 주장하는 사람의 그것이 예전부터 이미 존재하고 있던 표현이라면 그것은 그 사람의 저작물이라고 할 수 없기 때문에 저작권 침해 문제는 발생하지 않게 된다는 것이다.

예를 들어, 갑이 독수리 모양의 풍선 A를 만들었는데, 을이 A와 똑같이 생긴 독수리 모양의 풍선 B를 만들었다고 하자. 이 경우 갑이 저작권 침해를 주장한다면 을은 뭐라고 반박해야 할까?

"독수리 모양의 풍선은 누가 만들어도 그렇게 만들 수밖에 없다!"라고 주장할 수 있을 것이다. 그러나 아무리 독수리 모양을 단순화한 풍선이라고 해도 완전히 똑같은 모양으로 만들었다면 아무래도 설득력이 부족하다. 그렇다면 어떻게 해야 할까?

이런 경우에 가장 좋은 방법은 갑이 만든 독수리 풍선과 똑같거나 거의 비슷한 기존의 독수리 풍선을 찾아내서 갑도 종래부터 존재한 독수리 풍선을 보고 베꼈다고 주장하는 것이다. 만약 을이 똑같은 모양을 가진 기존의 독수리 풍선을 찾아낸다면 갑은 저작권 침해를 주장할 수 없게 된다. 하지만 그런 풍선을 찾지 못한다면 을은 결국 저작권 침해를 피하기 어렵게 될 것이다.

이처럼 저작권 소송에서 저작물성에 관한 주장과 입증은 재판의 승패를 판가름하는 매우 중요한 역할을 한다. 따라서 방어를 하는 사람의 입장에서는 먼저 자신이 어떤 식으로 주장하고 반박해야 하는지 알아야 하고, 자신의 반박을 뒷받침할 수 있는 증거를 찾기 위해 많은 시간과 노력을 들이는 것이 무엇보다 중요하다.

(3) 통상적인 표현은 창작물이 아니다.

저작권이 침해되었다고 주장되는 부분이 통상적인 표현에 불과하다면 그것이 아무리 똑같거나 비슷하더라도 이를 두고 저작권 침해라고 할 수는 없다. 일상생활에서 흔히 쓰이는 표현을 창작물로 볼 수는 없기 때문이다.

예를 들어, 갑이 저작한 희곡 A에 '팩트(fact) 체크하세요!' 라는 대사가 나오는데, 을이 저술한 소설에도 위와 같은 문구가 나온다고 하자. '팩트 체크하세요!' 라는 말은 '어떤 말이나 문구 등이 사실과 일치하는지 여부를 확인하라' 는 의미로 일상생활에서 흔히 쓰이는 표현이다.

따라서 이러한 통상적인 표현을 갑이 자신의 어문저작물(언어나 문자, 말로 표현된 저작물)에 먼저 사용했다고 해서 거기에 저작권이 부여된다면, 그 이후에 그 말을 사용하려고 하는 사람들은 항상 갑의 허락을 받아야 하는 불합리한 상황이 발생하게 된다.

다만, '팩트 체크하세요!' 라는 표현이 통상적인 표현에 해당하는지 여부에 관해서는 다른 작품 등에서 그와 똑같거나 비슷한 표현을 찾아 이를 증거로 제출할 필요가 있다. 그러나 이러한 통상적인 표현은 누구나 흔하게 사용하는 말이기 때문에 갑이 희곡 A에 사용하기 이전에 이미 발표된 다른 작품들 속에서 그러한 표현은 쉽게 발견할 수 있을 것이다.

그렇다면 결국 '팩트 체크하세요!' 라는 표현은 갑이 창작한 것이 아니게 되고, 그러면 당연히 그것은 갑의 저작물이 아닌 것이고, 따라서 갑은 그 말에 관해 저작권을 가지지 못하게 되므로, 결과적으로 을은 갑의 저작권을 침해하지 않게 되는 것이다.

(4) 문구가 짧고 의미도 단순한 제목 등은 창작물이 아니다.

문구가 짧고 의미도 단순한 것은 거기에 어떤 보호할 만한 독창성이 있다고 할 수 없으므로 창작물로 보기 어렵다. 특히 제목의 경우, 법원은 일관되게 "제목 자체는 저작물의 표지에 불과하고 독립된 사상이나 감정의 창작적 표현이라고 보기 어렵다"는 이유로 그것의 창작물성을 부정하고 있다.[2]

2ne1의 〈내가 제일 잘나가〉와 삼양식품의 〈내가 제일 잘나가 사끼 짬뽕〉 사건에서도 법원은 "대중가요의 제목인 〈내가 제일 잘 나가〉는 '내가 인기를 많이 얻거나 사회적으로 성공하였다' 는 단순한 내용을 표현한 것으로써, 그 문구가 짧고 의미도 단순하여 창작성이 없고, 비록 노래에 '내가 제일 잘나가' 라는 가사가 반복해서 나온다고 해도 그것만으로 저작물로 보호되는 것은 아니다"라고 판시함으로써, 대중가요 제목의 저작물성을 부정했다.[3]

---

2) 대법원 1977. 7. 12. 선고 77다90 판결
3) 서울중앙지방법원 2012. 7. 23.자 2012카합996 결정

3
저작권

1 저작권의 발생 시기

누군가의 작품이 저작권법상 저작물에 해당한다면, 그 저작물에 관한 저작권은 그것을 만든 사람이 가지게 된다. 그리고 이러한 저작권은 그 발생 시기와 관련하여 다른 지적재산권인 특허권, 상표권, 디자인권과는 확연한 차이가 있다. 특허권 등은 그것이 등록될 때 권리가 발생하지만 저작권은 그 등록 여부와는 상관없이 해당 저작물이 창작될 때 발생한다. 물론 저작권법에도 저작권 등록에 관한 규정을 두고는 있다. 그러나 이러한 저작권 등록은 그 등록으로 저작권을 발생시키는 효력이 있는 것이 아니라, 저작권 발생에 관한 확인적인 의미만을 가질 뿐이다. 그렇다고 해서 저작권 등록이 아무 의미가 없는 것은 아니다. 저작권법은 저작권 등록자에게 해당 저작물의 저작자로 추정하는 효력을 부여하고 있고, 저작권 침해에 따른 손해배상청구를 할 때는 법정손해배상을 청구할 수 있는 근거를 마련해 주는 역할을 하기도 한다.

2 저작권의 종류와 침해 주장 시 유의점

저작권은 크게 저작재산권과 저작인격권으로 구성되어 있다. 그리고 저작재산권에는 '복제권, 공연권, 공중송신권, 배포권, 전시권, 대여권, 2차적저작물작성권'이 있고, 저작인격권에는 '공표권, 성명표시권, 동일성유지권'이 있다. 이처럼 저작권은 총 10가지의 권리로 구성된 권리의 다발인 셈이다.

저작권은 학문적인 개념이기 때문에 소송 등에서 저작권 침해를 주장할 때에는 저작재산권 가운데 어떤 권리가 침해되었고, 저작인격권 가운데 어떤 권리가 침해되었는지를 명확하게 특정해야 한다. 즉, "……를 무단으로 사용함으로써, ……의 저작권을 침해하였습니다"라고 주장하는 것은 적절하지 않고, "……를 무단으로 사용함으로써, 저작재산권 가운데 OO권, OO권을, 저작인격권 가운데 OO권, OO권을 각각 침해하였습니다"라고 주장해야 한다.

특히 저작권 침해에 따른 손해배상청구 소송에서는 각 권리별로 그 침해에 따른 손해배상액을 청구하는 것이 원칙이기 때문에 더더욱 침해된 권리를 특정하는 것이 중요하다. 만약 이러한 손해배상청구 소송에서 단순히 저작권 침해만을 주장하게 되면 대개는 법원으로부터 침해된 권리의 특정을 요구받게 된다.

일반인들의 경우에는 대부분 저작권법에 대해 잘 모르기 때문에 저작재산권 침해에 따른 손해배상만을 청구하는 경우가 많다. 그러나 저작재산권 침해 문제가 발생했다면 대개는 저작인격권도 침해되었을 가능성이 높기 때문에 그에 따른 손해배상 청구도 함께 하는 것을 잊지 않도록 해야 한다.

3 저작재산권의 양도

저작재산권과 저작인격권 가운데 양도가 가능한 것은 재산권에 해당하는 저작재산권에 한한다. 저작인격권은 말 그대로 인격권이기 때문에 이를 제3자에게 양도할 수 없다. 이런 이유에서 저작권법에서도 저작권의 양도가 아닌 저작재산권의 양도라고 규정하고 있다.

그래서 저작물을 창작한 저작자는 생존하고 있는 동안에는 언제나 저작권자가 된다. 저작권은 저작물의 창작과 동시에 발생하므로 저작자는 저작물을 창작할 때 그 저작물에 관한 저작재산권과 저작인격권 모두를 가지게 된다. 저작자가 그 저작권을 제3자에게 양도하더라도 양도가 되는 것은 저작재산권에 국한되기 때문에 저작인격권은 여전히 저작자에게 남아 있게 되고, 저작인격권은 저작권의 한 종류이기 때문에 저작자는 언제나 저작권자가 되는 것이다. 심지어 저작자가 저작인격권을 제3자에게 양도한다는 의사표시를 하더라도 이러한 약정은 무효가 된다.

저작재산권 양도와 관련하여 또 하나 주의할 것이 있다. 저작재산권 전부를 양도할 때 2차적저작물작성권을 양도한다는 것을 당사자가 특별히 약정하지 않으면 2차적저작물작성권은 양도되지 않는 것으로 추정된다(저작권법 제45조 제2항). 따라서 저작재산권을 양도 받는 입장에서는 2차적저작물작성권도 함께 양수한다는 점을 콕 찍어서 서면에 남겨둘 필요가 있다. '양도인은 위 저작물에 대한 저작재산권 전부와 2차적저작물작성권 모두를 양수인에게 양도한다'라고 명확하게 써두어야만 2차적저작물작성권을 포함한 저작재산권 전부를 양수받게 되는 것이다.

반대로 저작재산권 양도인의 입장에서는 구체적인 언급 없이 저작재산권을 양도했거나 서면 상에 '양도인은 위 저작물에 대한 저작재산권 전부를 양수인에게 양도한다'라고만 기재했다면 저작재산권 가운데 2차적저작물작성권은 자신에게 여전히 남아 있는 것으로 추정 받게 된다. 그러나 이는 어디까지나 추정에 불과하기 때문에 양수인이 2차적저작물작성권을 포함한 저작재산권 전부를 양수하였다는 점을 정황 증거 등을 통해 입증한다면 그 추정은 깨지게 되고, 그렇게 되면 결국 양수인이 2차적저작물작성권을 포함한 저작재산권 전부를 양수하였음이 인정된다.

소설 A를 저술한 갑은 출판사를 운영하고 있다. 어느 날 을이 찾아와서, 갑이 저작권을 가지고 있는 소설 A의 저작권을 양도할 것을 갑에게 제안했다. 갑은 어차피 잘 팔리지도 않는 소설책이어서 흔쾌히 그 제안을 받아들였다. 을은 그날 바로 대금을 지급하고 갑으로부터 소설 A의 저작권을 양수했다. 저작권 양도 계약은 구두로 이루어졌고 2차적저작물작성권 양도에 관한 어떠한 언급도 없었다.

이런 경우에는 원칙적으로 갑이 소설 A에 대해 가지는 2차적저작물작성권은 양도되지 않은 것으로 추정되기 때문에 소설 A에 대한 2차적저작물작성권은 여전히 갑이 보유하고 있는 것으로 추정된다. 그러나 B가 저작권 양도 계약을 체결할 때, 영화를 만들기 위해 소설 A의 저작권을 양수받는 것이라고 말하면서 갑에게 영화 제작사 대표 명함을 건넸다면 얘기는 달라진다. 비록 갑과 을이 저작권 양도 계약을 구두로 체결했고, 명시적으로 소설 A에 관한 2차적저작물작성권을 양도 및 양수한다는 언급을 하지는 않았더라도, 갑의 입장에서는 을이 소설 A를 영화화할 것이라는 점을 충분히 알 수 있었다고 볼 수 있기 때문이다.

그렇다면 결국 갑은 묵시적으로 소설 A에 대해 자신이 갖고 있던 2차적저작물작성권까지 을에게 양도한 것으로 봐야 한다. 따라서 갑이 만약에 소설 A에 관해 가지는 2차적저작물작성권은 양도되지 않은 것으로 추정된다고 주장한다면, 을은 위와 같은 사정을 들어 그러한 추정을 깰 수 있을 것이다.

(1) 일반적인 저작물의 경우

저작물은 영구히 보호되는 것이 아니라, 저작재산권의 보호 기간 동안만 보호가 되고, 그 이후에는 누구나 그 저작물을 자유롭게 이용할 수 있도록 공중의 영역(Public Domain)에 놓이게 된다.

현행 저작권법상 일반 저작물의 저작재산권은 저작자가 생존하고 있는 동안에는 계속 존속하고, 저작자가 사망한 이후에도 추가적으로 70년간 더 존속한다. 이와는 달리 업무상저작물과 영상저작물의 저작재산권은 공표한 때부터 70년간 존속한다. 여기서 일반 저작물의 저작재산권의 보호 기간과 관련된 70년의 기산일은 저작자가 사망한 다음 해의 1월 1일이고, 업무상저작물과 영상저작물의 그것은 공표한 다음 해의 1월 1일이다.

따라서 일반 저작물이 그 저작재산권 보호 기간이 지났는지 여부를 확인하기 위해서는 그 저작물과 관련된 몇 가지 정보가 필요하다. 간단하게는 해당 저작물의 저작자가 누구인지, 그 저작자가 언제 사망하였는지, 그리고 저작재산권 보호 기간의 연혁은 어떻게 되는지에 관한 것이다. 이를 통해 현재 시점에서 해당 저작물의 보호 기간이 지났는지 여부를 확인할 수 있다.

여기서 저작자와 그 저작자의 사망일은 사실적인 정보에 해당하지만 저작재산권 보호 기간의 연혁은 법령에 해당하는 것이고 다소 복잡한 면이 있기 때문에 이에 대해 간단히 살펴보기로 하자.

1957년 제정 저작권법에서는 일반 저작물의 저작재산권은 저작자가 생존하고 있는 동안 존속하고, 저작자가 사망한 후에도 30년간 존속하도록 규정하고 있었다.

1987년 저작권법에서는 일반 저작물의 저작재산권을 저작자 생존 기간 동안 그리고 사후 50년간 존속하도록 개정하면서 그 보호 기간을 연장했다. 다만, 부칙에서는 1987년 저작권법이 시행되던 1987. 7. 1. 이전에 1957년 저작권법에 따른 저작재산권 보호 기간이 이미 지난 저작물은 더 이상 보호되지 않는 것으로 정했고, 이와 함께 1987년 저작권법 시행 전에 공표된 '연주·가창·연출·음반 또는 녹음필름'(1957년 당시 저작권으로 보호되었음)과 사진 및 영화는 계속해서 1957년 저작권법의 적용을 받도록 정했다.

2011년 저작권법에서는 일반 저작물의 저작재산권을 저작자 생존 기간 동안 그리고 사후 70년간 존속하도록 개정하면서 그 보호 기간을 연장했고, 이 경우에도 부칙에서는 2011년 저작권법이 시행되던 2013. 7. 1. 이전에 1987년 저작권법에 따른 저작재산권 보호 기간이 이미 지난 저작물은 더 이상 보호되지 않는 것으로 정했다.

예를 들어 A저작물[4]을 저작한 저작자 갑은 1956년에, B 저작물을 저작한 저작자 을은 1957년에, C 저작물을 저작한 병은 1962년에, D 저작물을 저작한 정은 1963년에 각각 사망했다고 하자.

갑은 1956년에 사망했으므로 A 저작물의 저작재산권은 1957년 저작권법에 따라 사후 30년간 존속하게 된다. 때문에 A 저작물은 갑이 사망한 다음 해 1월 1일부터 30년이 되는 1986년 12월 31일에 그 저작재산권 보호 기간이 만료되었고, 그 만료 시점은 1987년 저작권법이 시행된 1987년 7월 1일 이전이다. 이런 경우는 부칙에 의해 1987년 저작권법에 의한 저작재산권 보호 기간 연장 대상에 해당하지 않게 되어 공중의 영역에 놓이게 된다. 따라서 현재 시점에서는 누구나 A 저작물을 자유롭게 이용할 수 있다.

1957년에 사망한 을의 경우에는 1957년 저작권법에 따라 B 저작물의 저작재산권은 사후 30년간 존속한다. 그러나 사후 30년이 되는 1987년 12월 31일 이전에 1987년 저작권법이 시행되었으므로, 부칙에 따라 B 저작물은 1987년 저작권법에 따라 그 보호 기간이 사후 50년으로 연장되어, 결국 B 저작

---

4) 1987년 저작권법의 부칙 제2조에서 1987년 저작권법 시행 전에 공표된 연주·가창·연출·음반 또는 녹음필름과 사진 및 영화에 대해서는 1957년 저작권법을 계속 적용하도록 한 점을 감안하여, 여기서 예를 드는 저작물은 연주·가창·연출·음반 또는 녹음필름과 사진 및 영화가 아닌 그 외의 저작물로 상정한다.

물의 저작재산권의 보호 기간은 2007년 12월 31일까지가 된다. 그러나 현재 시점에서 볼 때 그 보호 기간은 이미 만료가 된 상태이므로, B 저작물 또한 누구나 이를 자유롭게 이용할 수 있다.

1962년에 사망한 병의 경우, C저작물의 저작재산권은 1957년 저작권법에 따라 사후 30년간 존속하지만, 사후 30년이 되는 1987년 12월 31일 이전에 1987년 저작권법이 시행되었으므로 1987년 저작권법에 따라 그 보호 기간이 사후 50년으로 연장되어 C 저작물의 저작재산권 보호 기간은 2012년 12월 31일까지가 된다. 2011년 저작권법 개정으로 일반 저작재산권 보호 기간이 70년으로 연장되었지만, C 저작물의 저작재산권은 그 시행일인 2013년 7월 1일 이전에 그 보호 기간이 만료되었다. 이런 경우는 부칙에 따라 2011년 저작권법에 의한 저작재산권 보호 기간 연장 대상에 해당하지 않게 되어 C 저작물은 저작재산권 보호 기간이 경과되어 공중의 영역에 놓이게 된다. 따라서 현재 시점에서는 누구나 C 저작물을 자유롭게 이용할 수 있다.

1963년에 사망한 정의 경우에는 1957년 저작권법에 따라 D 저작물의 저작재산권은 사후 30년간 존속하지만, 사후 30년이 되는 1987년 12월 31일 이전에 1987년 저작권법이 시행되었으므로, 1987년 저작권법에 따라 그 보호 기간이 사후 50년으로 연장되어 2013년 12월 31일까지가 된다. 그리고 다시 2011년 저작권법 개정으로 일반 저작재산권 보호 기간이 70

년으로 연장되었고, 그 시행일이 2013년 7월 1일이기 때문에 부칙에 따라 D 저작물의 저작재산권 보호 기간은 2033년 12월 31일까지가 된다. 따라서 D 저작물은 현재까지도 그 보호 기간 중에 있으므로, 저작권자의 허락 없이는 무단으로 D 저작물을 이용할 수 없다.

(2) 업무상저작물 및 영상저작물의 경우

업무상저작물과 영상저작물의 저작재산권 보호 기간은 일반 저작물과는 달리 저작자를 기준으로 하는 것이 아니라, 해당 저작물의 공표 시기를 기준으로 한다. 즉, 현행 저작권상 업무상저작물 또는 영상저작물의 저작재산권은 그것이 공표된 다음 해의 1월 1일부터 70년간 존속한다.

이 점을 제외하면 업무상저작물과 영상저작물의 저작재산권 보호 기간 산정 방식은 앞서 본 일반 저작물의 그것과 다를 것이 없다.

업무상저작물과 영상저작물의 경우에는 법인 또는 단체가 저작권을 가지고 있는 경우가 많은데, 해당 법인 또는 단체가 해산되어 그 권리가 〈민법〉과 그 밖의 법률 규정에 따라 국가에 귀속되는 경우에는 저작재산권이 소멸하게 된다(저작권법 제49조). 따라서 업무상저작물과 영상저작물의 경우에는 그 저작재산권 보호 기간이 경과되지 않더라도 이를 자유롭게 이용할 수 있는 경우가 있다는 점도 기억해 둘 필요가 있다.

(3) 외국인 저작물의 경우

외국인 저작물의 저작재산권 보호 기간은 그 연혁이 국내 저작물보다 더 복잡하다. 이 책에서는 간단하게만 소개하도록 하겠다.

1957년 제정 저작권법은 외국인의 저작물에 대하여 조약에 규정이 없는 경우에는 국내에서 처음으로 그 저작물을 발행한 외국인에 한하여 보호하도록 규정하고 있었다. 그러나 당시에 우리나라는 외국인의 저작물 보호에 관한 어떠한 조약에도 가입한 적이 없었기 때문에 외국인의 저작물은 국내에서 최초로 발행된 것에 한하여 보호되었다.

그 후 우리나라가 가입 또는 체결한 조약에 따라 외국인 저작물을 보호하도록 한 1987년 저작권법 시행과 함께 우리나라는 세계저작권협약 등에 가입하였고, 이에 따라 외국인 저작물이 보호를 받을 수 있게 되었다. 그러나 그 개정법이 시행되던 1987년 7월 1일 이후 창작된 외국인 저작물만 보호 대상이 되었다. 즉, 1987년 7월 1일 이전에 창작된 외국인 저작물은 여전히 보호 대상이 아니었다.

그러다가 1996년 저작권법은 Trips 협정 체결에 따라 베른협약을 받아들이면서 1987년 7월 1일 이전에 창작된 외국인 저작물도 소급해서 보호 받게 되었다.

이에 따라 현행 저작권법은 우리나라가 가입 또는 체결한 조약과 상호주의에 따라 외국인 저작물을 보호하고 있다. 우리나라에서 외국인 저작물은 외국인 저작물과 관련된 국가의 저작권법상의 저작재산권 보호 기간과는 무관하게 우리 저작권법의 저작재산권 보호 기간 동안만 보호된다.

따라서 앞서 본 국내 저작물의 저작재산권 보호 기간 산정 방식과 동일한 방식으로 외국인 저작물의 저작재산권 보호 기간을 산정하면 된다.

저작(권)자

1 창작자 원칙

저작물을 창작한 사람을 '저작자'라고 하고(저작권법 제2조 제2호), 저작권은 저작물을 창작한 때부터 발생한다(저작권법 제10조 제2항). 따라서 저작자는 저작물을 창작한 바로 그 순간에 저작권을 가지게 되고, 그 저작물의 저작권자가 된다. 이를 '창작자 원칙'이라고 한다. 창작자 원칙은 저작권법을 관통하는 가장 중요한 원칙이다. 그리고 저작권 가운데 저작재산권은 양도가 가능하기 때문에 저작재산권을 양도받은 사람 역시 저작권자가 될 수 있다.

2 저작자와 저작권자의 개념과 그 구별

이와 같이 저작자와 저작권자의 개념에는 약간 차이가 있다. 저작자는 저작물을 창작한 사람만을 가리키기 때문에 저작권을 양도받은 사람은 저작권자인 것이지 저작자는 아니다. 그러나 저작자는 언제나 저작자인 동시에 저작권자가 된다. 왜냐하면 저작자는 저작물을 창작하는 순간 저작권을 가지게 되고, 저작권을 제3자에게 양도하더라도 저작인격권은 여전히 저작자에게 남아 있기 때문에 그런 의미에서 저작자는 항상 저작권자가 되는 것이다.

3 작품 소장자와의 구별

작품 소장자는 저작(권)자와는 전혀 다른 개념이다. 작품 소장자는 원칙적으로 해당 작품의 소유권만을 가지기 때문에 저작권과 관련된 어떠한 권리도 없다. 따라서 해당 작품을 임의로 복제하는 등의 행위를 하면 해당 작품 저작권자의 저작권을 침해하는 것이 된다. 다만, 미술저작물 등의 경우에는 작품 소장자가 그 저작권자의 동의 없이도 전시할 수 있다. 그렇지만 가로·공원·건축물의 외벽 그 밖에 공중에게 개방된 장소에 늘 전시하는 경우에는 해당 미술저작물 저작권자의 동의를 받아야만 한다(저작권법 제35조 제1항).

4 업무상저작물의 저작자

저작물을 창작한 저작자가 저작권을 가진다는 창작자 원칙은 저작권법을 관통하는 대원칙이다. 그런데 창작자 원칙의 유일한 예외가 바로 업무상저작물의 저작자이다. 업무상저작물의 저작자에 관한 법리는, 일정한 요건을 갖춘 경우에는 법인 등을 저작자(창작자)로 본다는 것이다. 단순한 저작권자가 아닌 저작자로 인정하는 것이다. 따라서 법인 등이 저작재산권뿐만 아니라 저작인격권도 가지게 된다.

업무상저작물의 저작자가 되기 위해서는 ① 관련된 저작물이 업무상저작물이어야 한다는 것, ② 그것이 업무상저작물임을 전제로 하여 법인 등의 명의로 공표될 것, ③ 법인 등과 실제 창작한 자 사이에 저작자에 관한 별도의 다른 정함이 없어야 한다는 것을 충족해야 한다.

먼저 업무상저작물에 관해서 살펴보면, 업무상저작물이란 '법인·단체, 그 밖의 사용자의 기획 하에 법인 등의 업무에 종사하는 자가 업무상 작성하는 저작물을 말한다'(저작권법 제2조 제31호). 업무상저작물은 통상적으로는 고용 관계에 있는 상태에서 그 피고용자가 업무를 보는 과정에서 창작하는 저작물을 의미하는 것이지만, 반드시 그런 것도 아니다. 비록 고용 관계는 아니더라도 법인 등이 실질적으로 지휘·감독하는 관계에서 그 지휘·감독을 받는 자가 만드는 저작물이라면 이 또한 업무상저작물이 될 수 있다.

그러나 이런 경우에는 업무상저작물보다는 공동저작물로 인정될 가능성이 더 높다. 왜냐하면 법인 등이 저작물의 창작을 외주업체에 외주를 주고 그 법인 등이 실제 그 저작물의 창작에 일부 기여를 하는 경우가 있을 수 있는데, 이러한 경우라도 기본적으로는 창작자 원칙에 따라 해당 저작물의 창작에 기여한 자는 저작자가 되는 것이므로 그 저작물은 외주를 준 법인 등과 외주업체의 공동저작물이 되어 법인 등은 공동저작자 가운데 하나가 될 여지가 훨씬 더 높기 때문이다.

한편, 어떤 저작물이 업무상저작물이라고 하더라도 법인 등이 항상 업무상저작물의 저작자가 되는 것은 아니다. 법인 등이 업무상저작물의 저작자가 되기 위해서는 앞서 본 바와 같이 그 업무상저작물이 법인 등의 명의로 공표되는 것이어야 하고, 법인 등과 실제 창작한 자 사이에 그 저작물의 저작자를 실제 창작한 자로 한다는 등의 별도의 다른 정함이 없어야만 하기 때문이다.

개정 전의 저작권법에는 법인 등의 명의로 '공표된'이라고 규정되어 있었다. 그래서 법인 등의 명의로 '공표된' 업무상저작물에 대해서는 법인 등이 업무상저작물의 저작자가 되는 것이 분명했지만, 업무상저작물이라 해도 법인 등의 명의로 공표되지 않고 남아 있는 업무상저작물은 창작자 원칙에 따라 실제 창작자가 저작자가 되는 것인지 아니면 이런 경우에도 여전히 법인 등이 업무상저작물 저작자가 되는 것인지 여부에 관해 다툼이 있었다.

그러나 그 후 저작권법은 위 '공표된'을 '공표되는'으로 개정하면서 법인 등의 명의로 공표될 예정에 있는 모든 업무상저작물에 대해서까지 그 저작자를 법인 등이 될 수 있도록 하였다. 따라서 비록 법인 등의 명의로 공표되지 않고 남아 있는 업무상저작물이라고 하더라도 그것이 애초에 법인 등의 명의로 공표될 예정에 있었던 것이라면 이제는 그 모두가 그 법인 등이 그것의 저작자가 되는 것이다.

현실적으로는 업무상저작물의 저작자에 관해서 법인 등이 별도의 정함을 하는 경우는 거의 없기 때문에 법인 등이 업무상저작물의 저작자가 되기 위한 요건으로서 '별도의 정함이 없을 것'이라는 요건이 문제되는 경우도 거의 없다. 그러나 필자가 맡았던 저작권 소송 가운데 이러한 것이 문제된 경우가 있었다.

캐릭터에 관한 저작권 침해 사건이었는데, 그 캐릭터는 업무상저작물이었고 해당 법인의 명의로 공표되었기 때문에 누가 봐도 그 캐릭터의 저작자는 그 법인이라는 것이 분명했다. 그런데 그 캐릭터를 실제로 창작한 해당 법인의 직원이 캐릭터의 저작권은 자신에게 있고 소송의 상대방이 자신이 저작권을 가지고 있는 캐릭터의 저작권을 침해했다는 이유로 침해금지가처분 신청을 한 것이다. 그 사건에서 법원은 그 캐릭터는 업무상저작물이고 해당 법인의 명의로 공표되었기 때문에 해당 법인이 그 캐릭터의 저작자이자 저작권자가 된다는 이유로, 신청인의 가처분 신청을 기각하였다.

필자의 입장에서는 사실 당연한 결과였다. 그런데 해당 사건에 관한 본안소송(원고의 청구 또는 상소인의 불복주장에 대한 판단을 하는 판결)을 하는 동안 해당 법인의 사실확인서가 증거로 제출되었다. 해당 법인과 실제 창작한 직원 사이에 그 캐릭터를 창작한 직원을 저작자로 하는 별도의 정함이 있었다는 취지의 내용이었다. 요즘 흔히 하는 말로 멘붕이었다. 정말 흔치 않은 실제 사례를 경험하는 순간이었던 것이다.

저작권 침해

1 저작권 침해의 요건

일반적으로 저작권 침해가 인정되기 위해서는
① 저작권 침해를 주장하는 사람의 저작물이 저작권법에
  의해 보호받을만한 창작성이 있어야 하고,
② 상대방이 그 저작물에 의거하여 이용하여야 하며,
③ 저작권 침해를 주장하는 사람의 저작물과 그 상대방의
  저작물 사이에 실질적 유사성이 있어야 한다.

위 세 가지 요건 가운데 ①은 이미 저작물에 관한 부분에서
충분히 설명했기 때문에 여기서는 ②와 ③에 관해서만 살펴
보도록 하겠다. 흔히 ②를 의거성이라고 하고, ③을 실질적
유사성이라고 한다. 그런데 사실은 ①의 저작물성에 관한
것은 독자적으로 판단되기 보다는 ③의 실질적 유사성을 판
단할 때 동원되는 법리라고 보는 것이 맞을 것이다.

왜냐하면 저작권 침해를 주장하는 사람(이하 '저작권 침해 주장자' 라고 함)의 저작물 전체가 저작물성이 없는 경우는 흔하지 않고, 그의 저작물의 일부와 상대방(이하 '상대방' 또는 '저작권 침해 방어자' 라고 함) 저작물의 일부가 실질적으로 비슷하다고 주장하는 경우가 대부분이기 때문이다. 그러다보니 결국 실질적 유사성을 판단할 때는 저작권 침해 주장자의 저작물 가운데 침해 주장 부분(이하 '침해 주장 부분' 이라고 함)이 저작물성이 있는지 여부를 가려서 저작물성이 있는 경우에만 비교 대상으로 삼고, 저작물성이 없는 경우에는 애초에 비교 대상에서 제외시키게 된다.

이와 같이 저작물성에 관한 판단은 실질적 유사성을 판단할 때 함께 이루어지는 경우가 대부분이기 때문에 저작권 침해 여부의 판단은 결국 의거성과 실질적 유사성 여부를 판단하는 것이라고 해도 틀린 말은 아니다.

저작권이 침해되었다고 하기 위해서는 의거성과 실질적 유사성이라는 두 가지 요건을 동시에 만족해야 한다. 따라서 의거성이 없다면 양 저작물이 아무리 실질적으로 비슷하다 해도 저작권 침해가 아닌 것이고, 의거성이 인정된다 해도 양 저작물이 실질적으로 비슷하지 않다면 이 또한 저작권 침해에는 해당하지 않게 된다.

의거성이란 쉽게 말하면 남의 저작물을 '보고 하는 것'을 의미한다. 저작권 침해 사건에서 이러한 의거성은 저작권 침해 주장자가 주장·입증해야 하는 부분이다. 그런데 아무리 저작권 침해 주장자라 해도 자신의 저작물을 상대방이 언제 어디서 어떻게 보고 했는지는 정확히 알 도리가 없다. 그래서 법원에서는 여러 가지 법리를 통해 의거성을 추정하고 있다.

저작권 침해 주장자의 저작물이 상대방의 저작물보다 먼저 공표된 경우에는 상대방이 저작권 침해 주장자의 저작물에 접근해서 그 저작물을 보았을 가능성 즉, 접근 가능성이 있다. 그래서 이러한 경우 법원은 의거성이 있다고 추정하고 있다.

그런데 상대방이 저작물을 창작할 당시 저작권 침해 주장자의 저작물이 공표된 적이 없다면 위와 같은 접근 가능성에 관한 법리로는 의거성을 추정할 수가 없게 된다. 그래서 이런 경우에는 다른 법리로 의거성을 추정하게 된다. 양 저작물을 비교해서 상대방의 저작물이 저작권 침해 주장자의 저작물과 뚜렷하게 비슷하다면 이는 상대방이 저작권 침해 주장자의 저작물을 보았을 가능성이 상당히 높다고 보아, 이러한 경우에도 법원은 의거성이 있다고 추정하는 것이다.

이러한 접근 가능성과 현저한 유사성 법리에 따라 의거성 여부를 추정한 결과, 의거성이 없다는 판단이 내려져서 저작권 침해가 인정되지 않은 사건이 있었다. 바로 드라마 〈선덕여왕〉 사건이다.

뮤지컬 〈무궁화의 여왕 선덕〉 측에서는 mbc 드라마 〈선덕여왕〉이 〈무궁화의 여왕 선덕〉을 표절했다는 이유로 저작권 침해를 주장했다.

대법원은 위 뮤지컬은 공연이 된 적이 없었기 때문에 mbc 측에서 그 뮤지컬에 접근할 가능성이 없었다는 점과, 양 저작물을 비교해 보더라도 현저하게 비슷한 것은 아니라는 점을 들어, 드라마 〈선덕여왕〉이 뮤지컬 〈무궁화의 여왕 선덕〉에 의거해서 만들어진 것이라고 볼 수는 없다고 의거성을 부정하였다. 결국 이 사건은 의거성이 없었기 때문에 실질적 유사성 여부를 따져볼 필요도 없이 저작권 침해가 아니게 된 것이다.

접근 가능성과 현저한 유사성 말고도 의거성이 추정되는 경우는 양 저작물에 '공통의 오류'가 있는 경우이다. 즉, 저작권 침해 주장자의 저작물에 있는 오류와 동일한 오류가 상대방의 저작물에 있는 경우에도 의거성이 있다고 추정된다.

3 실질적 유사성

의거성이 인정된다고 해서 곧바로 저작권 침해가 되는 것은 아니다. 의거성은 다른 사람의 저작물을 보고 저작물을 만들었다는 것에 불과한 것이지, 반드시 그 저작물과 실질적으로 비슷하다는 것을 의미하는 것은 아니기 때문이다. 남의 것을 참고해서 전혀 다른 저작물을 만들 수도 있는 것이다. 따라서 저작권 침해가 되기 위해서는 남의 저작물을 보고 했다는 것만으로는 부족하고 남의 저작물과 실질적으로 비슷하게 만들어야만 하는 것이다.

앞에서 실질적 유사성 여부를 판단할 때, 저작물성 여부도 함께 판단하는 것이 대부분이라고 언급했었다. 이는 실질적 유사성 판단 방법과도 그 맥을 같이 한다. 저작권 침해 방어자의 입장에서는 양 저작물이 실질적으로 비슷하지 않다고 반박해야 한다. 그러나 누가 봐도 양 저작물이 뚜렷하게 비슷한 경우에는 먼저 저작권 침해 주장자의 침해 관련 부분이 애초에 저작물성이 없다고 반박하는 것이 가장 유효한 방어 전략이 될 것이다. 따라서 저작권 침해 방어자는 저작권 침해 주장자의 침해 관련 부분이 앞서 살펴본 저작물의 개념에 해당하는 표현이 아니라거나 창작성이 없다는 점을 주장하고 입증해야 할 것이다.

이러한 저작권 침해 방어자의 반박에 타당성이 있다면, 결국 저작권 침해 주장자의 침해 관련 부분에서 저작물성이 없는 부분은 실질적 유사성 판단의 대상에서 제외된다. 이와 같이 실질적 유사성을 판단할 때는 저작권 침해 주장자의 침해 관련 부분 모두가 비교 대상이 되는 것이 아니라, 그 가운데 저작물성이 인정되지 않는 부분을 제외한 나머지 부분만을 가지고 저작권 침해 방어자의 해당 부분과 비교하게 되는 것이다.

A 저작물을 창작한 저작자 갑은 을이 A 저작물 내용 가운데 a1, a2, a3, a4, a5를 표절하여 B 저작물 가운데 b1, b2, b3, b4, b5을 만들었다는 이유로 저작권 침해를 주장했다. 이러한 갑의 주장에 대해 을은 a1은 아이디어에 해당하는 것이고, a2는 종래에 이미 존재하던 표현이며, a3는 통상적인 표현에 해당하므로 저작물이 아니라고 반박하였다.

만약 이러한 을의 반박이 타당하다면, 결국 이 사안에서는 a4, a5와 b4, b5에 대해서만 실질적 유사성을 판단하게 되는 것이다. 그렇게 되면 을은 b4, b5와 a4, a5를 비교해서 그것들이 실질적으로 비슷하지 않다는 점에 대해서만 반박하면 되는 것이다.

4 이용 허락과 저작권 침해

저작권자로부터 저작물 이용에 관한 허락을 받아서 저작물을 이용한다면 원칙적으로는 문제될 것이 없겠지만, 그럴 때에도 저작권 침해가 논란이 되는 경우가 있다. 이용 허락의 범위를 넘어서서 이용하는 경우가 그러하다. 단순한 계약 위반인지 아니면 저작권 침해인지가 문제된다.

예를 들어 그림 저작권자 갑이 자신의 그림을 출판물 제작자 을에게 총 5회 사용하도록 허락했는데, 을은 갑의 그림을 총 6회 사용하여 출판하였다면, 이것은 단순한 계약 위반일까 아니면 갑의 복제권 및 배포권을 침해한 것일까?

을이 사용횟수를 초과하여 사용하긴 했지만, 갑으로부터 그림의 복제·배포에 대해 허락을 받았고 또한 그 이용 허락 기간 중에 있으므로, 이러한 사용횟수 위반행위에 대하여 을은 단순한 계약 위반이라고 주장할 수 있다. 반면, 갑은 이러한 을의 행위는 계약 위반은 물론이고 그 이용 범위를 초과한 복제 및 배포에 대해서는 을에게 허락한 바가 없으므로 저작권 침해에 해당한다고 주장할 수 있다.

이와 관련된 판례나 문언 등이 없어 위와 같은 경우에 과연 저작권 침해에 해당하는지 여부는 명확하지 않다. 다만, 이용 허락의 범위를 초과한 이용이 저작권 침해인지 여부는 구체적 상황에 따라 판단하되, 이용 허락기간 후의 이용 또는 최소한 저작재산권의 유형별 관점에서 이용 허락 되지 않은 유형의 저작물 이용이 있는 경우(예컨대, 저작물을 오프라인 상에서 복제·배포하는 것만을 허락했는데, 이를 인터넷 등 온라인 사용에서 해당 저작물을 전송하는 경우)는 저작권 침해라고 봄이 상당할 것이다.

한편, 이용 허락의 범위를 넘어 선 이용이 저작권법 위반에 해당한다는 사건이 있었다. 이 사건은 이미지 판매회사로부터 해당 이미지를 구입한 회사가 이미지 판매회사의 약관 등에 의해 해당 이미지를 1회에 한해서만 이용할 수 있음에도, 이를 초과하여 이용한 사안이었는데, 이 사건에서 법원은 이를 저작권법 위반이라고 판시한 적이 있다(울산지방법원 2012. 12. 28. 2010노170 판결).

이처럼 이용 허락을 넘어선 이용이 단순한 계약 위반인지 아니면 저작권 침해에도 해당하는지 여부에 관해서는 명확한 기준이 없을 뿐만 아니라, 법원은 위 판례에서처럼 계약 위반으로 볼 여지도 있는 사안에서 저작권 침해를 인정했기 때문에, 저작물 이용자의 입장에서는 단순히 이용 허락을 받았다는 이유로 해당 저작물을 임의로 이용해서는 안 되고, 이용 허락을 넘어 선 이용의 경우에는 반드시 사전에 저작권자나 이용 허락권자의 동의를 받는 것이 무엇보다도 중요할 것으로 생각된다.

16

공정이용

앞에서 본 것처럼 의거성과 실질적 유사성이 둘 다 존재하게 되면 원칙적으로는 저작권 침해가 된다. 그래서 이런 경우에 저작권 침해 방어자는 손해배상액이 과다하다는 것 말고는 별다르게 다툴 것이 없다. 그러나 이러한 상황이라도 저작권 침해가 아니라고 주장할 여지는 아직 남아 있다. 바로 '공정이용' 또는 '저작재산권 제한'(이하 '공정이용'이라고 함)에 관한 주장이다. 저작권법은 비록 겉으로는 타인의 저작권을 침해한 것으로 보이지만, 일정한 경우 저작권자의 저작재산권을 제한함으로써 해당 저작물을 이용할 수 있도록 하는 공정이용에 관한 규정을 두고 있다. 저작권법으로 보호되는 저작물을 제한적으로 이용할 수 있도록 허용하는 개념이다.

공정이용에 관한 규정은 '공표된 저작물의 인용' 등 개별적·구체적 규정 16가지와 '저작물의 공정한 이용'이라는 일반적·보충적 규정으로 구성되어 있다(저작권법 제23조~제35조의 3). 저작권법상 공정이용에 관한 규정은 다음과 같다.

- 재판 절차 등에서의 복제(제23조)
- 정치적 연설 등의 이용(제24조)
- 공공저작물의 자유 이용(제24조의2)
- 학교 교육 목적 등에의 이용(제25조)
- 시사 보도를 위한 이용(제26조)
- 시사적인 기사 및 논설의 복제 등(제27조)
- 공표된 저작물의 인용(제28조)
- 영리를 목적으로 하지 아니하는 공연·방송(제29조)
- 사적 이용을 위한 복제(제30조)
- 도서관 등에서의 복제 등(제31조)
- 시험 문제로서의 복제(제32조)
- 시각장애인 등을 위한 복제 등(제33조)
- 청각장애인 등을 위한 복제 등(제33조의2)
- 방송사업자의 일시적 녹음·녹화(제34조)
- 미술저작물 등의 전시 또는 복제(제35조)
- 저작물 이용 과정에서의 일시적 복제(제35조의2)
- 저작물의 공정한 이용(제35조의3)

그러나 현실적으로 저작권 소송 실무에서 법원이 공정이용을 인정하여 저작권 침해가 아니라고 판단한 경우는 극히 드물다. 물론 어떤 공정이용 규정을 주장하느냐에 따라 달라지긴 하겠지만 대체로 법원이 공정이용을 인정한 경우는 그 예를 찾기가 어렵다. 따라서 누가 봐도 공정이용에 해당하지 않는다고 판단되거나 처음부터 공정이용이라는 의도 하에서 이루어진 경우가 아니라면 굳이 이를 주장할 필요는 없을 것이다. 그러기보다는 오히려 손해배상액의 과다를 다투는 일에 힘을 쏟는 것이 보다 효율적인 방어 전략이 될 것이다.

다만, 저작권법에 공정이용에 관한 규정이 존재한다는 것을 알고 있는 것과 그렇지 못한 것 사이에는 저작권을 대하는 자세에서 벌써 차이가 나는 것이다. 그러므로 어떤 유형의 공정이용 규정이 존재하는지, 자신의 저작물 창작 행위와 관련지을 수 있는 공정이용 규정은 어떤 것이 있는지를 확인하는 것은 분명히 의미 있는 일이라 할 것이다.

. . . .

지금까지 저작권에 관한 전체적인 개요를 살펴보았다. 물론 개략적으로만 살펴본 것이어서 저작권에 관한 모든 것이 담겨 있다고 할 수는 없다. 그러나 일반적인 저작권 침해 사건에서 발생할 수 있는 이슈들은 모두 이러한 틀 안에서 움직이고 있다고 해도 과언은 아니다.

따라서 이하에서는 이러한 저작권에 관한 전체적인 개요를 기초로 극저작물과 관련된 저작권에 관한 심도 있는 논의를 본격적으로 전개해 나가도록 하겠다.

극적저작물의
저작물성
판단 기준

들어가며

저작권 침해 사건에서 저작권 침해를 당했다고 주장되는 작품 등이 저작권법에 의해 보호 받을 수 있는 저작물에 해당하는지 여부는 저작권 침해 여부를 판단함에 있어서 가장 중요하고 핵심적인 부분이라고 할 수 있다. 따라서 저작권에 대해 알려면 먼저 저작물성이 무엇이고, 저작물성이 실제 저작권 침해 사건에서 어떤 역할을 하는지 알아야 한다.

특히 극적저작물에 있어서 이러한 저작물성의 중요성은 아무리 강조해도 지나치지가 않다. 그 이유는 극적저작물 가운데 저작권 침해 주장자의 침해 부분이 저작물에 해당하는지 여부에 따라 저작권 침해 여부가 판가름 나기 때문이다. 따라서 극적저작물의 저작권 침해 사건에서 그 침해를 주장하는 측과 방어를 하는 측 모두에게 저작물성은 너무나도 중요한 공방논리가 되는 것이다.

대법원은 이러한 저작물성을 판단하는 가장 기본적인 논리와 관련하여 "저작권의 보호 대상은 학문과 예술에 관하여 사람의 정신적 노력에 의하여 얻어진 사상 또는 감정을 말이나 문자 등에 의하여 구체적으로 외부에 표현한 창작적인 표현 형식뿐이고, 아이디어나 이론 등의 사상 및 감정 그 자체는 설사 그것이 독창성이나 신규성이 있다 하더라도 원칙적으로 저작권의 보호 대상이 되지 않는다"[5]라고 판시하고 있고, 아무리 표현되어 있더라도, 그것이 해당 저작물과 관련하여 전형적으로 수반되는 내용이거나 종래에 이미 존재했던 표현인 경우에도 저작권법상 보호 대상이 되지 않는다고 보고 있다.[6]

예를 들어 삼각관계를 다루는 영화 시나리오의 경우, 삼각관계라는 것은 단순한 아이디어에 해당하는 영화 소재이기 때문에 이러한 소재의 차용은 저작권법적으로 전혀 문제되지 않는다. 그리고 이별장면을 표현하기 위해 공항을 그 배경으로 하는 것은 전형적으로 수반되는 장면이라고 할 수 있기 때문에 공항에서 이별하는 장면이 비록 구체적인 표현이라 해도 창작성이 있다고 할 수 없으므로 이에 대해서는 그 누구에게도 저작권을 부여해 줄 수가 없다고 보아야 한다. 그러므로 기존 영화 등에서 이별 장면이 공항을 배경으로 하고 있고 이러한 공항에서의 이별장면을 동일하게 사용하여 시나리오를 작성하더라도 이를 두고 저작권 침해라고 할 수는 없는 것이다.

---

5) 대법원 1999. 11. 26. 선고 98다46259 판결
6) 대법원 2000. 10. 24. 선고 99다10813 판결, 대법원 1991. 8. 13.
   선고 91다1642 판결 등

연인 간의 삼각관계를 다루는 영화 등에서 통상 있을 수 있는 대화 역시 종래부터 이미 존재하고 있거나 일상적으로 표현되는 대화라고 할 것이므로, 그것이 비록 표현에 해당하더라도 창작성이 있다고 볼 수 없고, 영화 또는 드라마 등 극적저작물의 제목도 그 자체가 사상이나 감정의 표현이라고 볼 수 있을 정도의 독창성이 있다고 볼 수는 없기 때문에 이를 인용했다고 해서 저작권 침해라고 볼 수는 없다.

그렇다면 극적저작물에서는 어떠한 것이 저작물로서 보호를 받을 수 있을까? 극적저작물에서 저작물로서 보호 받을 수 있는 것은 그것의 근본적인 본질 또는 구조라고 할 수 있는 ① 전체 줄거리 ② 등장인물의 구체적 성격 및 역할 ③ 등장인물 사이의 관계 ④ 구체적 줄거리와 사건 전개 과정 등이다.

이러한 저작물성 판단에 관한 기본 논리를 바탕으로, 극적저작물의 저작물성에 관한 구체적인 판단 기준과 관련 판례들을 살펴보도록 하겠다.

2
아이디어와
표현의 구별

앞서 본 바와 같이, 저작권법은 아이디어와 표현을 구분하여 저작권법상 아이디어는 보호하지 않고, 표현만 보호 대상으로 삼고 있기 때문에 극적저작물 관련 저작권 사건에서 극적저작물을 구성하는 요소들 가운데 어떤 것이 아이디어에 해당하고 어떤 것이 표현에 해당하는지를 구분하는 것은 매우 중요한 의미를 갖는다.

소설이나 시나리오 등 극적저작물의 소재나 주제 또는 이에 등장하는 추상적인 인물의 유형 등은 아이디어의 영역에 속하는 것으로서 그 자체로는 저작권법에 의한 보호를 받을 수 없다. 따라서 이러한 아이디어의 영역에 속하는 것은 그 것이 아무리 독창성이 있더라도 그 아이디어를 베낀 것만으로는 저작권 침해가 될 수가 없다. 이러한 것을 '아이디어와 표현의 이분론'이라고 하고, 이러한 논리는 단순한 이론이 아니라 실제 극적저작물과 관련된 저작권 침해 사건에서 가장 많이 등장하는 부분이다.

만화 〈바람의 나라〉 vs 드라마 〈시놉시스 태왕사신기〉[7]
사건

A는 만화작가로서 만화 〈바람의 나라〉(이하 '바람의 나라'라고 함)를 저작하여 출판하였고, B는 〈모래시계〉, 〈여명의 눈동자〉 등을 쓴 드라마 작가로서, 〈태왕사신기〉라는 드라마 시놉시스(이하 '태왕사신기'라고 함)를 집필하여 서울 소공동 롯데호텔에서 제작발표회를 하였다.

〈바람의 나라〉는 고구려 제3대 대무신왕(무휼) 시대를 배경으로 하여, 의인화된 사신수주가 자신이 선택한 왕을 중심으로 부도주를 지향한다는 내용이고, 〈태왕사신기〉는 고구려 제19대 광개토대왕(담덕) 시대를 배경으로 하여, 주인공 담덕이, 진정한 주군을 찾아 그 주군과 함께 오래전에 떠났던 고향땅 신시주를 다시 찾기 위해 노력하는 사신주의 도움을 받으면서, 이 세상의 중심에 있는 것으로 알려진 단군의 나무를 찾아 그 땅에 도읍을 정하고 강한 나라를 만들기 위해 노력해 나가는 과정을 그린 작품이다.

이에 A는 B가 〈바람의 나라〉의 근본적인 본질 또는 구조 등을 차용하여 〈태왕사신기〉 시놉시스를 작성하여 발표함으로써 A의 저작권을 침해했다는 이유로, B를 상대로 저작권 침해에 따른 손해배상을 청구했다.

---

7) 서울중앙지방법원 2007. 7. 13. 선고 2006나16757 판결

■ 〈태왕사신기〉가 〈바람의 나라〉와 실질적으로 비슷한가?(O)

1) 동일하거나 비슷한 역사 및 신화를 소재로 한 역사저작물 간의 포괄적·비문언적 유사성 판단이 가능한가?(O)

 A의 주장

B가 〈바람의 나라〉의 근본적인 본질 또는 구조를 복제하였으므로 양 저작물은 포괄적·비문언적 유사성이 있다.

 B의 반박

역사적저작물은 표현방법이 한정적일 수밖에 없는데, 만일 이를 저작권 침해라고 한다면, 이는 공유에 속하는 역사적·신화적 소재를 A의 전유에 남겨두게 되는 결과가 되어 부당하다.

 법원의 판단

역사나 신화 등 이른바 공중의 영역에 속하는 부분은 저작권에 의하여 보호되지 않는 아이디어에 해당하는 것으로 이를 판단의 대상에서 제외한다.

2) 만화와 시놉시스를 비교할 수 있는가?(O)

 B의 주장

〈바람의 나라〉는 완전한 형태의 만화저작물임에 비해, 〈태왕사신기〉는 시놉시스로서 최종적인 어문저작물로 보기 어려우므로, 실질적 유사성을 인정하기 어렵거나 유사성 판단의 기준이 더욱 엄격하게 적용되어야 한다.

 법원의 판단

〈태왕사신기〉는 A4 용지 35매에 걸쳐 작성된 것으로서, 그 자체로 독자적으로 완성된 저작물로 판단되므로, 실질적 유사성 판단의 대상이 되지 않는다거나 판단 기준을 완화해야 할 근거가 없다.

3) 소재 및 주제 등의 실질적 유사성(X)

A와 B의 저작물은 고구려를 배경으로 하여 고구려의 고분벽화인 사신도에서 발견되는 ① 사신 또는 사수를 ② 의인화하여 ③ 주인공 등의 수호신으로 설정하고, ④ 주인공이 사신의 도움을 받아 부도 또는 신시라는 목표를 추구한다는 점에서 전체적인 관념이나 느낌이 비슷하다. 그러나 이러한 유사성은 아이디어를 공통으로 한 데서 비롯된 것이므로 양 저작물은 실질적으로 비슷하다고 볼 수 없다.

– 사신 개념의 사용

고구려 고분벽화인 사신도 또는 사수도의 현무, 주작, 청룡, 백호를 주요한 등장인물로 형상화하는 것은 누구나 이용할 수 있는 공공의 지적 자산에 해당한다.

– 사신의 의인화

의인법은 아이디어에 해당하고, 사신에 의인법을 적용한 것이 A만의 독창적인 표현으로 보기도 어려우며, 양 저작물의 의인화의 방법도 확연히 구별된다.

– 사신의 수호신으로서의 설정

사신을 수호신으로 설정하는 것은 제한된 표현 방법 가운데 하나이고, 양 저작물은 수호신의 역할이 달라 B가 그 제한된 표현을 그대로 모방하였다고 볼 수도 없다.

– 부도, 신시의 유사성

부도와 신시는 인류문화의 공통유산인 고대 문헌이나 신화에서 유래하는 것으로 공유의 영역에 속하는 아이디어에 해당한다. 광개토대왕 시대의 영토 등 역사적 사실을 바탕으로 하더라도, B가 신시의 회복을 소재로 사용한 것이 명백한 (역사적) 오류에 해당하여 A의 표현을 모방한 것이라고 추인하기 어렵다.

– 줄거리의 유사성

주인공 또는 훌륭한 지도자가 주위의 충성스러운 보필자, 조력자의 도움을 받아 그 이상을 추구한다는 주제 또는 줄거리는 수많은 영웅담에서 나오는 전형적인 주제 또는 줄거리로서 구체성이 결여되어 저작권법에 의해 보호되는 표현의 영역 안에 포함시키기 어렵다.

4) 사신 캐릭터들의 개별적 유사성(X)

A가 주장하는 등장인물 간의 유사성에 대하여 ① 유사성이 인정되는지, ② 등장인물의 구체성, 독창성, 복잡성이 인정되거나, 다른 등장인물들 간의 상호과정을 통해 사건의 전개 과정과 밀접한 관련을 가지면서 표현으로 보호되는 것에 관한 유사성인지, ③ 그 표현 사이에 실질적 유사성이 인정되는지 단계적으로 검토해 보자.

– 현무 캐릭터의 유사성

보통 관찰자의 입장에서 볼 때, 〈바람의 나라〉의 현무와 〈태왕사신기〉의 현무는, 두 개의 별을 보고 예언이나 계시를 얻는다는 유사점은 있지만, 천기를 읽는 인물은 영웅담에서는 흔히 사건의 발생이나 결말 등에 관한 복선이 예지자의 예언 등의 형태로 나타나는 점 등에 비추어 구체성이 결여된 아이디어의 영역에 속하고, 예언의 구체적인 내용과 표현 형식도 다르다.

– 청룡 캐릭터의 혼성모방

 A의 주장

〈태왕사신기〉의 청룡 처로는 〈바람의 나라〉의 백호 괴유, 청룡 하얀사녀와 천녀 가희와 비슷하므로, 이는 B가 A의 캐릭터들을 혼성모방한 결과이다.

 법원의 판단

〈태왕사신기〉의 청룡 처로가 소서노를 남몰래 사랑하는 점이 〈바람의 나라〉의 백호 괴유가 세류에 대하여 망설이는 사랑을 한다는 점과 비슷한 측면이 있지만, 자신의 마음을 표현하지 못하고 오랫동안 망설이는 사랑을 하는 등장인물은 수많은 문학작품에서 나타나는 것으로 구체성이 결여되어 있다. 〈태왕사신기〉의 청룡 처로와 〈바람의 나라〉의 청룡 하얀사녀가 시력을 잃는다는 점은 비슷하지만, 시력을 잃게 되는 원인이 서로 다르고, 그 의미도 다르다. 〈태왕사신기〉의 청룡 처로와 〈바람의 나라〉의 천녀 가희가 동식물과 말이 통한다는 점은 비슷하지만 다른 여러 작품들에서도 동식물 등 자연과 말이 통하는 사람이 흔히 등장한다. 그러므로 B의 청룡 처로는 A의 세 등장인물 가운데 어느 하나와도 전체적인 유사성이 감지되지 않고, 개별적인 특성에서도 유사성이 인정되는 부분은 아이디어에 해당되므로, 실질적 유사성이 인정된다고 할 수 없다.

– 백호 캐릭터의 유사성

A의 주장

〈태왕사신기〉의 백호 모두루와 〈바람의 나라〉의 백호 괴유
는 실질적으로 비슷하다.

법원의 판단

모두 몰락한 가문 출신이고, 섬기는 왕 또는 가장 친한 친구
등이 권력싸움 등으로 희생을 당하며, 그것이 그 인물의 행
동에 대한 모티브가 된다는 점에서 비슷하지만 그것은 많은
영웅담에서 전형적으로 나타나는 아이디어에 해당한다. 오
랜 잠에 빠진다는 점 역시 많은 작품에서 망각, 죽음, 영원
한 시간 등을 상징하는 소재로 쓰였으며, 아이디어에 해당한
다. 용감하고 현명한 과부와 연인이 된다는 점에서는 비슷하
지만, 〈바람의 나라〉의 백호 괴유의 연인 세류는 〈태왕사신
기〉의 백호의 연인 모두루와 1단계 유사성도 없다.

– 주작 캐릭터의 혼성모방

A의 주장

〈태왕사신기〉의 주작 수지니는 〈바람의 나라〉의 용과 세류
의 캐릭터를 혼성모방한 결과이다.

법원의 판단

〈태왕사신기〉의 주작 수지니와 〈바람의 나라〉의 용은 성격이나 특징이 전혀 비슷하지 않고, 현무로부터 죽임을 당할 뻔한다는 설정은 비슷하지만, 그 사건에 이르는 동기, 과정, 의미가 달라 실질적으로 비슷하다고 볼 수 없다.

〈태왕사신기〉의 주작인 수지니는 사신 가운데 유일한 여성이지만, 〈바람의 나라〉에서 주작은 그 속성이 남성이고, 다른 사신수 가운데 여성도 있다는 점에서 유일한 여성이 아니며, 어린 시절부터 떠돌며 지낸다는 점은 구체적이고 독창적인 인물유형에 해당되지 않는다.

〈태왕사신기〉의 수지니는 담덕과 수 사이에서, 〈바람의 나라〉의 세류는 괴유와 무휼 사이에서 갈등하게 된다는 점이 비슷하지만, 삼각관계에 놓이는 여주인공은 수많은 문학작품에서 볼 수 있는 전형적인 인물유형으로 저작권법으로 보호되는 표현이라고 볼 수 없다.

〈태왕사신기〉의 수지니는 백제와 관련을 맺고 있는 전생의 소서노로서 백제와 고구려 사이의 전쟁을 막기 위해 담덕을 설득하는 반면, 〈바람의 나라〉의 세류가 두 나라 사이의 전쟁을 막으려 한다는 특징은 찾아볼 수 없다.

5) 이야기 전개, 에피소드 등의 유사성(X)

– 주인공이 심복을 얻는 과정과 심복들이 죽음에 이르는 과정의 유사성

주인공이 낯선 장소에서 우연히 자신에게 거부감이나 적개심을 보이는 자를 만나, 그가 곧 주인공의 심복이 되고, 심복은 전장에서 주인공을 구출하는 등으로 주인공보다 먼저 죽음에 이르게 되는 점은 비슷하나, 이는 영웅담이나 전쟁을 소재로 하는 작품들의 보편적인 사건 전개에 불과하고 아이디어에 해당한다. 표현에 해당하는 구체적이고 세부적인 줄거리에 있어서는 서로 차이점을 보이고 있으므로 실질적 유사성이 존재하지 않는다.

– 흑주작과 난새 이야기의 유사성

난새와 흑주작의 상징이나 의미에 있어서 다소 비슷한 측면이 있으나, 이는 같은 능력이나 힘이 어떻게 쓰이느냐에 따라 주작, 봉황과 같이 긍정적으로도, 흑주작과 난새와 같이 부정적으로도 쓰일 수 있다는 아이디어의 공통성에서 유래할 뿐, 구체적인 표현이나 분위기에 있어서는 현저한 차이가 있다.

– 외세와의 전쟁이 아닌 점 및 주인공이 사랑하는 여자와 관련된 나라와 전쟁을 하게 된다는 에피소드의 유사성

부여와 고구려, 백제와 고구려 등 외세가 아닌 민족 내부의 전쟁은 우리나라의 역사적 사실로서 누구나 소재로 쓸 수 있는 공유의 영역에 속하는 것이고, 주인공이 사랑하는 여자와 관련된 나라와 싸워야 하는 상황에서 딜레마에 빠진다는 이야기는 삼국사기의 〈낙랑공주와 호동왕자〉, 오페라 〈아이다〉, 영화 〈쉬리〉 등 많은 작품의 모티브로서 공공의 지적자산에 해당한다.

– 결말에 있어서의 동일성
〈바람의 나라〉는 미완성 작품으로, 현재까지 출간된 제22권까지는 무휼이 추구하는 목표인 부도를 되찾는지 여부가 나타나지 않은 반면, 〈태왕사신기〉에서는 담덕은 이루지 못한 단군조선의 꿈을 안고 죽는다는 결말이 나타나 있어 이 점에서 비슷하다고 볼 수 없다. 그리고 주인공이 대업을 이루지 못하고 죽음을 맞이하는 비극적 결말은 수많은 문학작품에 나오는 전형적인 플롯으로서 원고만이 전유할 수 있는 표현에 해당한다고 볼 수 없다.

6) 소 결

A와 B의 저작물은 고구려라는 역사적 배경, 사신, 부도, 신시라는 신화적 소재, 영토 확장이나 국가적 이상의 추구라는 주제 등 아이디어의 영역에 속하는 요소를 공통으로 할 뿐, 그 등장인물이나 주변인물과의 관계 설정, 사건 전개 등 저작권에 의하여 보호받는 창작적인 표현 형식에 있어서는

만화와 드라마 시놉시스 사이에 내재하는 예술의 존재양식 및 표현기법의 차이를 감안하더라도 실질적으로 비슷하지 아니하므로, B가 원고의 〈바람의 나라〉에 대한 저작권을 침해하였다고 볼 수 없다.

평석

이 사건은 만화 〈바람의 나라〉와 〈태왕사신기〉 시놉시스가 기본적으로는 만인이 공유할 수 있는 역사적 사실을 바탕으로 한 것으로써, 양 저작물이 단지 주제 등 저작권법상 보호받을 수 없는 아이디어의 영역에 속하는 요소들만을 공통으로 하는 것인지, 아니면 그 이외에도 구체적인 줄거리 및 사건 전개 과정 등 저작권법상 보호받는 표현까지도 공통되는지 여부가 문제된 사안이었다.

이와 관련하여 법원은 양 저작물을 구성하고 있는 주제와 소재, 등장인물, 구체적 줄거리 및 사건 전개 과정 등을 세분화하여 각각의 공통요소들에 관한 저작물성을 중점적으로 판단하였다. 그 결과 양 저작물이 역사적 배경, 소재 및 주제, 표현기법 등을 공통으로 한 결과 전체적인 관념이나 느낌에서 유사성이 감지될 뿐이고, 이러한 유사성은 저작권법에 의하여 보호되지 않는 아이디어를 공통으로 한 데서 비롯된 것에 불과하기 때문에 저작권법상 보호를 받을 수 없다고 판시하였다.

이처럼 역사적 배경 등을 공통으로 하는 역사저작물의 경우에는 그 주제 및 소재 등이 공통될 수밖에 없고, 구체적 줄거리 등도 비슷하게 표현될 여지가 높기 때문에, 그러한 유사성만으로는 저작권 침해를 인정할 수 없다.

다만, 역사적 배경을 공통으로 하더라도 역사적 사실만으로는 추론할 수 없는 인물이나 사건(역사적 오류) 등이 비슷하거나, 양 저작물의 각각의 공통요소는 아이디어나 필수적 장면에 해당되지만 그러한 공통요소의 선택과 조합에 독창성이 있는 경우라면 그 저작물성을 쉽게 부정해서는 안 될 것이다. 만일 이러한 부분까지 그 저작물성을 인정하지 않게 된다면, 역사적 배경을 공통으로 하는 대부분의 역사저작물은 저작권 문제가 발생될 여지가 거의 없게 된다.

따라서 역사저작물이라도, 아이디어 또는 필수 장면이라는 이유만으로 그 저작물성을 배제할 것이 아니라, 소재의 선택과 구성의 조합에 독창성이 있는지 등을 종합적으로 고려하여 저작권 침해 여부를 판단할 필요가 있다.

| 3 |
표준적 삽화 또는
필수 장면

저작권법에서는 저작물을 '인간의 사상이나 감정을 표현한
창작물'이라고 정의하고 있다(저작권법 제2조 제1호). 따라서 표현
된 것이 아니거나 표현되어 있더라도 창작성이 없는 경우에
는 저작물이 아니고, 저작권도 발생하지 않게 된다.

이러한 저작물에 관한 정의에 비추어 볼 때, 앞서 본 아이디
어가 저작권법적으로 보호받지 못하는 이유는 그것의 창작
성 여부와는 무관하게 표현된 것이 아니기 때문인 반면, 표
준적 삽화 또는 필수 장면은 비록 그것이 표현된 것이라고
하더라도 누가 하더라도 그렇게 밖에 표현할 수밖에 없다면
이는 창작성이 있다고 할 수 없기 때문이다.

이와 같이 희곡이나 대본, 시나리오 등과 같은 극적저작물의
경우 그 작품에 내재되어 있는 주제나 플롯이 전형적으로 예
정하고 있는 사건들이나 등장인물의 성격 등과 같은 요소는
설령 그것이 표현에 해당하는 것이라고 하더라도 저작권의
보호가 주어질 수 없고(표준적 삽화의 원칙), 구체적이고 개별적인
사건과 그러한 사건들의 연속 과정, 극적인 전개, 등장인물의

구체적인 성격, 그들의 구체적 행위 등의 극적인 요소만이 극적저작물에 있어 보호받는 표현이라고 할 수 있다.

이러한 법리는 창작행위를 함에 있어서 소재가 되는 아이디어 또는 전형적인 사건·표현이나 장면 묘사에까지 저작권 보호를 통해 특정인에게 독점권을 부여하게 되면 장래에 다른 창작자가 창작할 기회를 박탈하게 되므로, 이러한 소재 등은 만인의 공유(public domain)에 두어 문화의 창달이라는 저작권법의 목적 달성에 지장이 없도록 하는 것이 바람직하고, 또한 이러한 경우 통상 그 침해를 주장하는 자가 그와 같은 소재나 사건·장면들을 최초로 창작하여 사용하였다고도 볼 수 없는 사정 등에 그 논거를 두고 있다.

한편, 극적저작물의 경우는 일정한 소재나 주제 또는 추상적 줄거리에 대하여 표현방법이 매우 다양하다는 점에서 어떤 장면이 전형적인 필수 장면에 해당할 가능성은 사실저작물, 역사저작물, 기술적(기능적) 저작물 또는 편집저작물들보다는 낮은 편이다.

영화 〈클래식〉 vs 드라마 〈사랑비〉 사건[8]

A회사는 영상물 제작·배급업체로서 영화 〈클래식〉을 제작하였고, B회사는 방송프로그램 제작사로서 드라마 〈사랑비〉를 제작하였다. 한국방송공사는 〈사랑비〉를 방영하였으며, KBS미디어는 방송 콘텐츠 사업자로서 〈사랑비〉에 관한 유통사업을 하고 있었다. 이에 A회사는 B회사 등이 〈사랑비〉를 제작·방영·판매·제공함으로써 A회사의 〈클래식〉에 관한 저작인격권(성명표시권, 동일성유지권)과 저작재산권(2차적 저작물 작성권)을 침해하고 있다는 이유로 B회사 등을 상대로 드라마 방영금지 및 저작물 처분금지 등 가처분 신청을 한 사안

■ 드라마 〈사랑비〉와 영화 〈클랙식〉의 유사성(X)

1) 기본적인 줄거리와 인물 유형의 유사성(O)

두 작품 모두 남·여주인공과 남자주인공의 친구가 삼각관계를 이루어 괴로워 하다가 남·여주인공이 결국 헤어지게 되고, 부모 세대의 못 이룬 사랑을 남자주인공의 아들과 여자주인공의 딸이 우연히 만나 결실을 맺게 된다는 구조를 갖추고 있어, 개괄적인 줄거리와 주요 인물 유형이 서로 비슷

---

8) 서울중앙지방법원 2012. 7. 20. 선고 2012카합1315 판결

80

하다. 그러나 이러한 줄거리나 인물유형은 추상적인 아이디어의 영역에 해당한다.

2) A회사가 주장하는 유사 상황·배경·장면(X)

A회사가 주장하는 유사 상황(《클래식》과 배경 및 분위기가 비슷한 씬), 유사 배경(《클래식》과 상황은 다르지만 연출 장면 컷들이 비슷한 씬) 및 유사 장면(《클래식》과 주요 이야기 구성이 비슷한 씬)은 사랑 또는 삼각관계를 주제로 하는 극적저작물에서 흔히 사용되는 일반적이고 전형적인 인물 표현이고, 1960년대 또는 1970년대 한국의 시대상을 담아내면서 그 속의 고등학생 또는 대학생들의 사랑을 그리기 위하여 수반되는 전형적이고 필수적인 표현 또는 표준적인 삽화들로서, 모두 추상적인 아이디어의 영역에 해당한다. 그리고 위 장면, 소재 등이 〈사랑비〉에서 차지하는 비중은 그리 크지 않으므로 그러한 장면, 소재 등만으로 두 작품 사이의 포괄적·비문자적 유사성을 인정하기도 어렵다.

3) 사건들의 배열·구성 방법, 구체적인 장면 구성, 대사 표현들 및 극에서의 맥락의 유사성(X)

〈사랑비〉에서 위 각 상황·배경·장면들의 구현에 사용된 각 사건들의 배열·구성 방법·구체적인 장면 구성·대사 표현들 및 극에서의 맥락은 〈클래식〉의 상황·배경·장면과 비교할 때 다른 부분이 많으므로, 각 그 구체적 내용과 표현 형식에서의 실질적인 유사성도 인정하기 어렵다.

이 사건 법원은, 드라마 〈사랑비〉가 영화 〈클래식〉과 기본적
인 줄거리 및 인물유형에서는 유사점이 발견되지만, 이는 저
작권법상 보호를 받을 수 없는 아이디어에 해당하고, A가
비슷하다고 주장하는 유사 상황, 유사 배경, 유사 장면은 비
록 그것이 비슷하더라도 극적저작물에서 흔히 사용되는 일
반적이고 전형적인 인물 표현이거나 필수적인 표현 또는 표
준적인 삽화들이어서 이 또한 저작권법상 보호 대상이 되지
않는다고 판단하였으며, 이러한 부분을 제외한 나머지로서
극적저작물의 보호 대상에 해당하는 사건들의 배열·구성
방법, 구체적인 장면 구성, 대사 표현들 및 극에서의 맥락은
서로 다르기 때문에, 결국 두 저작물은 실질적으로 비슷하
다고 할 수 없다고 판단하였다.

[4]
종래 표현 또는
통상적인 표현

저작권법에 의하여 보호되는 저작물의 요건으로서의 창작성
이란 완전한 의미의 독창성을 말하는 것이 아니라, 단지 어
떠한 작품이 남의 것을 단순히 모방한 것이 아니고 작자 자
신의 독자적인 사상 또는 감정의 표현을 담고 있음을 의미할
뿐이어서 이러한 요건을 충족하기 위해서는 저작물에 그 저
작자 나름대로 정신적 노력의 소산으로서의 특성이 부여되
어 있고 다른 저작자의 기존의 작품과 구별할 수 있을 정도
이면 충분하다.[9]

이러한 점에서 볼 때, 저작권 침해 주장자의 침해 부분이 이
미 종래부터 존재했던 표현이라면, 이는 저작권 침해 주장자
의 창작물이라고 할 수는 없는 것이므로 타인이 그러한 부
분을 무단으로 사용하였다고 해서 이를 저작권 침해라고 볼
수는 없는 것이다. 마찬가지로 극적저작물의 내용이 종래부
터 있었던 표현이라면 그 부분은 그 극적저작물 저작권자의
저작물이 아니라 종래에 그 표현을 했던 사람의 저작물이

---

9) 대법원 2005. 1. 27. 선고 2002도965 판결

될 것이다. 물론 이는 그 종래의 표현이 창작성이 있는 경우를 전제로 한다.

그리고 어떤 표현이 우리가 일상적으로 사용하는 표현이라면 이는 통상 종래에도 그런 표현과 동일·비슷한 표현이 존재할 가능성이 거의 확실하다고 볼 수 있으므로 그러한 일상적인 표현은 종래의 표현으로서 창작성이 없거나 혹여 그렇지 않더라도 일상적인 표현이라는 것은 누구나 통상적으로 사용할 수 있는 것이므로 여기에 창작성이 있다고 보기는 어려울 것이다.

이와 같이 종래표현이나 통상적인 표현은 비록 그것이 표현된 것이라고 하더라도 거기에 창작성이 있다고 보기는 어렵기 때문에 저작물로 인정받을 수가 없는 것이다. 따라서 극적저작물과 관련된 저작권 침해 사건에서 상대방은 앞서 본 아이디어와 표현의 이분론 및 아이디어와 표현의 합체론 등 침해 주장자의 작품의 저작물성을 부인할 수 있는 모든 논리를 다 동원했는데도 이를 쉽사리 깰 수 없는 경우에는 위와 같이 침해 주장자가 침해당했다고 주장하는 부분이 종래에 이미 존재한 것은 아닌지 또는 일상적이고 통상적으로 쓰이는 표현은 아닌지 여부를 반드시 확인할 필요가 있다.

희곡 〈키스〉 vs 영화 〈왕의 남자〉 사건[10]

A는 희곡 〈키스〉를 저작한 희곡작가이고, B회사 및 C회사는 영화 〈왕의 남자〉의 제작사들이며, D는 영화감독, E회사는 영화배급사이다.

〈키스〉의 제1부에서 주인공 남녀가 서로 떨어져 있는 가운데 "나 여기 있고 너 거기 있어"(이하 '이 사건 대사'라고 함)라고 하는데, 〈키스〉는 '소통의 부재'라는 주제를 효과적으로 나타내기 위하여 이 사건 대사와 이 사건 대사의 변주된 표현들을 치밀하게 배열하여 반복 사용하고 있다.

〈왕의 남자〉의 초반부 제8장과 마지막 제83장에서는 조선시대의 광대인 두 주인공 장생과 공길의 장님놀이 장면이 나오는데, 그 장면에 이 사건 대사가 사용되고 있다.

이에 A가 B회사 등이 〈키스〉의 제1막의 대사 가운데 대부분을 차지하는 이 사건 대사를 무단으로 사용하여 A의 〈키스〉에 대한 저작권을 침해하고 있다는 이유로, B회사 등을 상대로 이 사건 가처분을 신청한 사안

---

10) 서울고등법원 2006. 11. 14. 자 2006라503 결정

■ 이 사건 대사의 창작성(X)

A의 주장

이 사건 대사는 관객들에게 공길과 장생에 대한 애환과 슬픔을 유발시키며 관객들을 영화에 한층 더 몰입시키는 중요 대사로 기능하고, 그로써 이 사건 영화를 본 많은 네티즌들이 감동과 찬사를 보내면서 명대사로 인정하여 신문만평까지 등장할 정도로 영화 전체를 관통하는 주제적 울림을 주고 있다. 그러므로 이러한 주제적 연관성 및 라스트 신의 강렬함, 영화 속 명대사로 선정된 점 등에 비추어 이 사건 대사는 충분히 그 창작성이 인정된다.

법원의 판단

이 사건 대사는 일상생활에서 흔히 쓰이는 표현으로, 저작권법에 의하여 보호받을 수 있는 창작성 있는 표현이라고 볼 수 없고, 시(詩) 등 다른 작품에서도 이 사건 대사와 비슷한 표현들이 자주 사용되고 있음을 알 수 있다.

■ 희곡 〈키스〉와 영화 〈왕의 남자〉의 실질적 유사성(X)

희곡 〈키스〉 제1부에서는 이 사건 대사 및 이 사건 대사의 변주된 표현들을 치밀하게 배치하여 이러한 일련의 표현들의 결합을 통하여 인간 사이의 소통의 부재라는 주제를 표현하고 있는 반면, 영화 〈왕의 남자〉에서 사용된 이 사건 대사는 영화대본 중의 극히 일부분(영화대본 전체 83장 가운데 2개 장의 일부에 인용됨)에 불과할 뿐만 아니라, 이 사건 대사는 장생과 공길의 맹인들의 소극(笑劇)에 이용되어 웃음을 자아내게 하거나(8장), 영화가 끝난 뒤 엔드 크레디트와 함께 맹인들의 소극 장면을 보여줌으로써 조선시대 제10대 왕인 연산군을 둘러싼 갈등과 이로 인한 죽음이라는 무거운 주제에서 벗어나 다시 일상으로 돌아가 웃을 수 있게 만드는 것이다.

따라서 이 사건 대사가 소통의 부재라는 주제를 나타내기 위한 표현으로 사용되었다고 볼 수 없으므로, 두 저작물은 실질적인 유사성이 없다

평석

희곡 〈키스〉의 이 사건 대사는 종래부터 존재했던 표현이거나 일상생활에서 통상적으로 사용되는 표현이기 때문에 창작성이 없고, 이러한 부분을 제외한 나머지 부분에 대해서 〈키스〉와 〈왕의 남자〉를 비교해 보았을 때, 두 저작물은 실질적으로 비슷하다고 할 수 없으므로, B회사 등은 A가 〈키스〉에 대해 가지는 저작권을 침해한 것이라고 할 수 없다.

5
극적저작물의
제목

대법원은 만화 〈또복이〉 사건에서 또복이는 사상 또는 감정의 표명이라 보기 어려워 저작물로 인정하지 않는다고 판시한 이래, 일관되게 저작물의 명칭이나 제목에 대해서 저작물성을 인정하지 않고 있다. 제목처럼 문구가 짧고 의미가 단순한 것에 대해 저작물성을 인정하게 되면 그 이후에 누군가 그 제목과 같은 문구를 사용할 때마다 제목 저작권자에게 사용 허락을 받아야 하는데 그것은 현실적으로 거의 불가능하고, 문화융성이라는 저작권법의 목적에도 부합하지 않기 때문이다. 제목은 상표법 또는 부정경쟁방지 및 영업비밀보호에 관한 법률(이하 '부정경쟁방지법'이라고 함)로 보호할 수 있다. 다만, 상표법에 의하는 경우에는 상표등록 출원 시 지정상품을 특정해야 하고 그에 대해서만 보호를 받게 되며, 타인의 상표를 사용해도 그것이 상표적 사용에 해당하지 않는 경우(디자인적 사용 또는 제품에 관한 설명문구 등)에는 상표권 침해로 보지 않게 되는 한계가 있다. 그리고 부정경쟁방지법에 의한 보호를 받기 위해서는 상품의 표지로서의 명칭 또는 제목이 국내에 널리 인식되어 있어야 한다는 까다로움이 있다.

소설 〈애마부인〉 vs 영화 〈애마부인 5〉 사건[11]

A는 소설 〈애마부인〉의 저자이고, B회사는 영화 〈애마부인〉 시리즈 1편부터 5편까지 제작한 영화제작사이다.

A는 B회사가 〈애마부인〉 1편을 제작할 당시 이에 동의하였고, 그 후 B회사가 〈애마부인〉 2편부터 4편까지는 문제 삼지 않았는데 〈애마부인 5〉에 대해서는 그 내용과 제목이 자신의 소설 〈애마부인〉의 저작권을 침해하였고, 특히 제목에 대해서는 부정경쟁방지법을 위반한 것이라고 하면서, B회사를 상대로 영화제작·배포·상영등 금지 가처분을 신청한 사안

■ 영화 〈애마부인 5〉가 소설 〈애마부인〉의 제목과 관련된 저작권을 침해했는지(X)

 A의 주장

자유분방한 성에 대한 사상, 감정을 나타내는 애마부인이라는 제목 자체가 저작권법상의 보호를 받는 저작물이므로, 저작권자인 A의 동의 없이 사용하여 영화 〈애마부인 5〉를 제작하는 행위는 복제권 침해에 해당한다.

---

11) 서울고등법원 2006. 11. 14. 자 2006라503 결정

일반적으로 저작물의 제목 자체는 저작물의 표지에 불과하고 독립된 사상이나 감정의 창작적 표현이라고 보기 어려워 저작물로서의 요건을 구비하였다고 볼 수 없다.

■ 영화 〈애마부인 5〉의 제작·상영이 소설 〈애마부인〉과의 관계에서 부정경쟁행위에 해당하는지(X)

 A의 주장

B회사가 A로부터 소설 〈애마부인〉을 영화화 하는데 동의를 얻었음을 기화로 그 후에 아무런 사전 양해도 없이 또 다시 애마부인의 제목을 사용하여 영화 〈애마부인 5〉를 제작하는 행위는 부정경쟁방지법 제2조 제1호 소정의 상품의 주체와 출처의 혼동을 불러 일으켜 작가인 A의 현재 및 장래의 평판에도 영향을 미쳐서 현재 및 장래의 영업상 이익이 침해될 우려가 있으므로 부정경쟁행위에 해당한다.

 법원의 판단

소설 〈애마부인〉이 주지성[12]있는 상품표지라 하더라도 A는 위 소설을 원작으로 한 영화 〈애마부인〉 제작을 승낙한 바

---

12) 주지성이란 국내에 널리 알려져 있는 것을 의미한다.

있고, 그 후 2, 3, 4편을 제작할 때 제목의 사용을 묵시적으로 승낙하였거나 아무런 이의도 제기한 바 없었다. 위 각 영화들은 모두 흥행에 성공하여 위 소설과 별도로 영화로서의 주지성을 이미 획득하고 두 표지가 병존하여 왔으므로 더 이상 소설 〈애마부인〉이 먼저 사용된 표지로서의 우선권을 내세우기 어렵고, 이익 형량의 원칙에 따라 새로운 영화를 제작하게 된 B회사 쪽에서 구별이 가능한 부가어를 덧붙이는 등 혼동 위험을 줄이는 조치를 취한 것으로 족하다. 그러므로 B회사의 영화 〈애마부인 5〉의 제작·상영이 A의 영업상 이익을 침해한다고 보기는 어렵기 때문에 부정경쟁행위라고 할 수는 없다.

평 석

애마부인이라는 제목 자체에는 저작권이 발생하지 않기 대문에 B회사가 동일한 제목을 사용했다고 하더라도 저작권 침해가 될 리는 없다. 소설 〈애마부인〉이 국내에 널리 알려져 있는 상품표지라고 하더라도, 영화 〈애마부인〉 시리즈 또한 이미 국내에 널리 알려져 있는 상품표지이고, A가 영화 〈애마부인〉 1편에 대해서는 그 영화화를 명시적으로 승낙했으며 2~4편까지의 영화제작에 대해서도 별다른 이의를 제기하지 않다가, 〈애마부인 5〉에 그 제목 등의 사용을 문제 삼는 것은 신의칙상 허용되지 않는 것이며, 영화 〈애마부인 5〉의 상영·제작을 두고 소설 〈애마부인〉과 관련하여 부정경쟁행위라고 볼 수는 없다.

영화 〈혼자 사는 여자〉 사건[13]

A회사는 B 원작의 〈혼자 사는 여자〉라는 방송극의 영화화권을 매수하였고, 그 영화화 기획은 일간지 및 주간지 등의 연예란을 통해 보도되었다.

그런데 C회사가 D 원작의 〈독신녀〉를 〈혼자 사는 여자〉라는 제목의 영화로 제작·상영하려고 하였다.

이에 A회사는 C회사를 상대로 영화 제목 사용 금지 가처분을 신청했다.

■ 〈혼자 사는 여자〉라는 제목으로 영화를 상영하는 것이 부정경쟁방지법상 부정경쟁행위에 해당하는지(O)

C회사가 D 원작의 〈독신녀〉를 〈혼자 사는 여자〉라는 제목을 사용하여 영화로 제작·상영한다면, 이미 같은 제목으로 국내에 널리 알려진 B 원작을 각색한 방송극과 동일한 내용의 것으로 일반인으로 하여금 오인·혼동케 함으로써 위 방송극을 영화로 제작 중인 A회사의 영업상 이익을 침해할 우려가 있다. 따라서 C회사의 위와 같은 행위는 부정경쟁방지법상 부정경쟁행위에 해당한다 할 것이다.

---

13) 대법원 1979. 11. 30. 자 79마364 결정

〈소설 애마부인〉 vs 〈영화 애마부인 5〉 사건에서 법원은 영화의 제목은 저작물이 아니기 때문에 동일한 제목을 사용하더라도 저작권 침해는 아니라고 판단하였다.

그러나 국내에 널리 알려져 있는 상품의 표지를 무단으로 사용하는 것은 부정경쟁방지법상의 부정경쟁행위에 해당될 수 있다. 이와 관련하여 〈소설 애마부인〉 vs 〈영화 애마부인 5〉 사건에서 법원은 영화 〈애마부인〉의 경우는 그 시리즈물의 흥행으로 인해 이미 영화 제목 자체가 국내에 널리 알려져 있었고 그러한 상태에서 영화 〈애마부인 5〉를 제작·상영한 것이므로 이는 타인의 상품표지인 소설 〈애마부인〉의 제목을 사용했다기보다는 영화 〈애마부인〉 시리즈물로서의 제목을 사용한 것이어서 이를 두고 부정경쟁방지법상의 부정경쟁행위라고 볼 수는 없다고 판단하였다.

이에 반해 영화 〈혼자 사는 여자〉 사건에서 법원은 〈혼자 사는 여자〉라는 제목은 방송극으로 이미 국내에 널리 알려져 있었고, 그 방송극을 영화화하는 것도 보호받을만한 가치가 있는 권리인데, C회사가 〈혼자 사는 여자〉라는 제목의 영화를 제작·상영하는 것은 A회사의 〈혼자 사는 여자〉라는 제목의 영화화권을 침해하는 행위로서, 부정경쟁방지법상의 부정경쟁행위에 해당한다고 판단하였다.

16

2차적저작물성
여부

저작권 침해 사건에서 어떤 저작물이 다른 저작물의 복제물에 해당하는지, 2차적저작물에 해당하는지, 독립저작물에 해당하는지에 따라 저작권 침해 여부와 침해되는 저작권의 종류가 달라진다. 따라서 극적저작물과 관련된 저작권 침해 사건에서도 침해 저작물이 피침해 저작물과의 관계에서 어떤 저작물에 해당하는지를 먼저 파악해야 한다.

복제물은 기존 저작물을 원형 그대로 복제하거나 수정·증감·변경이 가해지긴 했지만 새로운 창작성이 더해지지 않은 것을 말한다. 이에 비해 2차적저작물은 번역·편곡·변형·각색·영상제작 그 밖의 방법으로 작성한 창작물로서 기존 저작물과 실질적 유사성(그 표현상의 본질적 동일성)을 유지하면서 구체적인 표현에 수정·증감·변경 등을 가하여 새롭게 사상 또는 감정을 창작적으로 표현(실질적 개변)함으로써 이를 접하는 사람이 기존의 저작물이 갖고 있는 표현상의 본질적인 특징을 직접 느껴서 알 수 있는 것을 말하고, 이는 원저작물과는 별개로 독자적인 저작물로 보호된다.

따라서 저작권자의 허락 없이 원저작물을 기초로 하여 2차적저작물을 창작한 경우에 원저작물 저작권자의 2차적저작물작성권 침해는 변론으로 하더라도, 2차적저작물의 창작자는 그 2차적저작물 자체에 대해 독자적인 저작권을 가지게 되는 것이다.

일반인들이 2차적저작물과 관련하여 오해하는 또 다른 부분이 있다. 예컨대, A라는 저작물을 디지털화한 경우, 일반인들은 그 디지털화된 것을 A저작물의 2차적저작물로 생각하는 경우가 많다. 그러나 위에서 언급한 바와 같이, 2차적저작물은 원저작물을 변경하여 거기에 새로운 창작성이 더해져야만 하는 것인데, 단순히 A저작물을 디지털화했다고 해서 A저작물의 내용에 새로운 창작성이 부가된 것은 아니므로 디지털화된 것은 A저작물의 단순한 복제물에 불과할 뿐 이를 2차적저작물로 볼 수는 없는 것이다.

반면, 어떤 저작물이 기존 저작물을 조금 이용하였더라도 기존 저작물을 추지할 수 없을 정도로 환골탈태하여 두 저작물 사이에 실질적 유사성이 없는 것은 독립저작물이라고 한다. 따라서 어떤 저작물이 다른 저작물의 복제물에 해당하는 경우에는 복제권을 침해하는 것이고, 2차적저작물에 해당하는 경우에는 2차적저작물작성권을 침해하는 것이 되지만, 독립저작물에 해당하는 경우에는 원칙적으로 저작권 침해 문제가 발생하지 않게 된다.

수필 〈친정엄마〉 vs 연극 〈친정엄마〉 사건[14]

A는 수필 〈친정엄마〉를 집필하여 출간하고, 위 수필을 연극으로 공연하기 위해 공연기획사인 B회사와 작가 계약을 통해 연극 〈친정엄마〉의 초벌대본을 집필하였고, 이후 C가 이를 각색하기로 했다.

C는 A의 수필 〈친정엄마〉와 초벌 연극대본을 기초로 수필 〈친정엄마〉와 실질적 유사성이 유지되는 범위 내에서 상당한 변경을 통하여 각색함으로써 연극 〈친정엄마〉의 대본(이하 '최종대본'이라고 함)을 완성하고, 이를 이용하여 연극 〈친정엄마〉가 제작·공연되었다.

A는 뮤지컬 〈친정엄마〉의 제작·공연을 위해 B회사와 원작 계약 및 극본 계약을 체결하고, 뮤지컬 〈친정엄마〉의 극본을 집필함에 있어 C의 위 연극 〈친정엄마〉의 극본에 등장하는 인물, 대사 등 표현의 대부분을 그대로 옮겨 뮤지컬 〈친정엄마〉의 대본을 완성하고, 200여 회에 걸쳐 위 뮤지컬 대본을 이용하여 제작된 뮤지컬 〈친정엄마〉를 공연토록 하였다.

이에 C는 위와 같은 A의 행위는 연극 〈친정엄마〉의 대본에 대해 자신이 가지는 저작권을 침해하는 것이라고 주장하면서 저작권법 위반을 이유로 A를 고소한 사안

---

14) 대법원 2014. 12. 11. 선고 2012도16066 판결

■ 최종대본이 수필 〈친정엄마〉의 2차적저작물인지(O)

저작권법 제5조 제1항에서는 '원저작물을 번역·편곡·변형·
각색·영상제작 그 밖의 방법으로 작성한 창작물(이하 '2차적저
작물'이라 함)은 독자적인 저작물로서 보호된다'고 규정하고 있
으므로, 최종대본이 수필 〈친정엄마〉의 2차적저작물에 해당
함은 의문의 여지가 없다.

평석

이 사건에서 법원은 최종대본을 수필 〈친정엄마〉와의 관계
에서는 2차적저작물로 보았지만, 초벌대본과의 관계에서는
하나의 저작물로 봄으로써 결국 최종대본의 창작에 기여한
A와 C를 최종대본의 공동저작자로 판단했다.

· · · ·

한편, 원저작물에 대한 2차적저작물이 되기 위해서는 원저작
물을 토대로 작성된 저작물이 단순히 사상, 주제, 소재 등이
같거나 비슷한 것만으로는 부족하고, 두 저작물 사이에 사건
의 구성, 전개 과정, 등장인물의 교차 등에 공통점이 있어서
새로운 저작물로부터 원저작물의 본질적인 특징 자체를 직접
감득할 수 있어야 한다. 여기서 소설 〈애마부인〉 vs 영화 〈애
마부인 5〉 사건(89쪽 참고)을 다시 살펴보자. 이처럼 스토리 전
개 등 구체적인 내용이 전혀 다른 경우에는 원저작물과는
별개의 새로운 저작물이라고 보는 것이 옳을 것이다.[15]

■ 영화 〈애마부인 5〉가 소설 〈애마부인〉의 2차적저작물인지(X)

영화 〈애마부인 5〉는 소설 〈애마부인〉의 표현상의 특징과 기법을 그대로 사용하고, A가 창출한 여주인공의 캐릭터까지도 그대로 표현하고 있으므로 소설 〈애마부인〉을 원작으로 한 2차적저작물 또는 3차적저작물에 불과하다.

법원의 판단

소설 〈애마부인〉과 영화 〈애마부인 5〉가 모두 중년여인의 원만하지 못한 가정생활과 갈등, 방황 등을 소재로 하고 있고, 남편의 이름이 현우이며 동엽이라는 이름의 남자가 등장한다는 점과 남편의 모습에서 말을 연상해 본다든가 말을 타는 여자주인공의 모습을 등장시킨다는 점에 있어서 유사점이 있으나, 중년여인을 소재로 한 성인용 소설이나 영화에서 원만하지 않은 가정생활 등을 갈등의 원인으로 제시하고 말을 상징으로 도입하는 등의 패턴을 취하는 것은 흔히 볼 수 있고, 또 그 정도의 유사점은 본질적인 것이라 할 수 없다.

소설 〈애마부인〉에서는 수희라는 여인이 과실치사로 형을 살고 있는 남편의 출소를 기다리는 동안에 일어나는 일들과

---

15) 서울고등법원 2006. 11. 14. 자 2006라503 결정

과거의 회상 등이 묘사되고 있는 반면, 영화 〈애마부인 5〉에서는 남편의 잦은 외도와 이로 인한 여인의 방황 및 남편의 외도 상대자인 하나꼬라는 여인에 의한 남편의 죽음 등을 그 줄거리로 하고 있어 그 줄거리도 차이가 있고 그에 따른 전개 과정도 현저한 차이가 있다.

따라서 양자 사이에 원저작물과 2차적 저작물의 관계를 인정할 만한 본질적인 특징 자체를 함께 하고 있다고 볼 수 없으므로 영화 〈애마부인 5〉는 소설 〈애마부인〉과는 실질적 유사성이 없는 별개의 저작물이라 할 것이다.

평 석

이 사건에서 법원은 영화 〈애마부인 5〉와 소설 〈애마부인〉은 그 구성, 전개 과정, 등장인물의 교차 등에 있어서 실질적 유사성이 없기 때문에 영화 〈애마부인 5〉가 A의 소설 〈애마부인〉의 2차적저작물에 해당하지 않는다고 판단했다.

극저작물의
저작(권)자와
그 이용

1
일반적인 경우

저작자는 저작물을 창작한 자를 말한다(저작권법 제2조 제2호). 따라서 극적저작물의 경우도 해당 극적저작물을 실제로 창작한 자가 그 극적저작물의 저작자가 된다. 앞에서 저작자와 저작권자는 구분되는 개념이라는 것을 살펴본 바가 있다. 즉, 저작자는 해당 저작물을 창작한 자이고, 저작권자는 저작물을 직접 창작했는지 여부와는 무관하게 해당 저작물의 저작권을 가지고 있는 자이다.

저작자가 저작물을 창작하면 그가 그 저작물의 저작권을 가지게 된다. 이것이 바로 창작자 원칙이다. 그래서 저작물의 창작자는 그 저작물의 저작자가 되는 동시에 저작권자가 되는 것이다. 그리고 저작자가 그 후에 저작권을 타인에게 양도하게 되면 그 양수인은 해당 저작물에 관한 저작권 가운데 저작재산권만을 가지게 되고, 이로써 양수인은 저작재산권자로서 저작권자가 된다.

저작권 가운데 저작인격권은 그것의 일신전속성으로 인해 양도가 불가능하기 때문에 비록 저작자가 타인에게 저작권을 양도하더라도 저작재산권만 넘어가는 것이어서 저작인격권은 저작자에게 그대로 남아 있게 된다. 따라서 저작자는 항상 저작인격권자로서 저작권자가 된다. 이처럼 저작자와 저작권자는 그 의미에 있어서 명확히 구분되는 개념이기 때문에 추후 용어 사용 시 주의를 기울일 필요가 있다.

시나리오나 극본 등과 같은 극적저작물의 경우에는 그 창작자가 시나리오 계약 등을 통해 저작권을 드라마나 영화제작자 등에게 양도하는 경우가 많다. 그러나 이 경우에도 역시 양도되는 권리는 저작권 가운데 저작재산권에 국한된다. 따라서 극적저작물의 저작자는 그 저작권을 타인에게 양도하더라도 저작인격권(공표권, 성명표시권, 동일성유지권)은 여전히 가지고 있게 된다.

그래서 시나리오나 극본 등 극적저작물의 저작권을 양수받은 자는 그 극적저작물의 2차적저작물이라고 할 수 있는 드라마나 영화 등의 시나리오나 극본 크레디트에 반드시 저작자의 성명을 표시해야만 한다. 만일 그렇게 하지 않고 제3자의 성명을 크레디트에 표시하게 되면 이는 저작자의 저작인격권을 침해하는 것과는 별개로 '저작자 아닌 자를 저작자로 하여 실명·이명을 표시하여 저작물을 공표'한 것에 해당하는 것이 되어 1년 이하의 징역 또는 1천만 원 이하의 벌금에 처하게 된다(저작권법 제137조 제1항 제1호).

예를 들어, 저작권을 양수받은 자가 저작자의 성명을 표시하지 않음으로써 저작자의 성명표시권을 침해하더라도 그것이 형사 처분의 대상이 되기 위해서는 그 저작자의 명예를 훼손해야만 하는데(저작권법 제136조 제2항 제1호), 단지 성명을 표시하지 않은 것만으로는 저작자의 명예를 훼손하였다고 보기는 어렵기 때문에, 저작인격권 침해의 경우는 보통 민사상 손해배상 청구로 그치는 경우가 대부분이다.

그런데 저작권 양수인 등이 소극적으로 저작자의 성명을 표시하지 않은 것이 아니라, 적극적으로 다른 사람을 저작자로 표시한 경우라면 얘기가 달라진다. 이러한 경우는 저작권법에서 이 자체를 형사 처분의 대상으로 삼고 있는데, 그것이 바로 위에서 언급한 저작권법 제137조 제1항 제1호와 관련된 것이다.

시나리오 또는 극본과 같은 극적저작물의 경우는 시나리오 계약 이후 작가가 교체되는 경우가 흔하게 발생한다. 이 경우 새로운 작가가 기존 작가의 시나리오 등을 연이어서 쓰는 경우 추후 완성된 시나리오 등의 크레디트에 기존 작가의 성명을 표시해야 하는지가 문제되는 경우가 있고, 시나리오나 극본 등이 단독저작물인지 아니면 공동저작물인지가 명확하지 않아 크레디트에 어떻게 성명을 표시해야 하는지가 문제되는 경우도 있다.

〈6년째 연애 중〉 사건[16]

A는, D필름과 영화감독 B 및 대표이사 C(이하 'D필름 등'으로 통칭함)가 제작한 영화 〈6년째 연애 중〉이 자신의 시나리오와 실질적으로 비슷한 복제물에 해당하고, 이를 기초로 D필름 등이 영화를 만들어 배포하면서 A를 각본 작가로 밝히지 않아 A의 저작인격권(성명표시권)을 침해하였다고 주장하면서, D필름 등을 상대로 영화의 배포·판매금지와 저작권 침해로 인한 손해배상금을 청구함과 동시에, 시나리오 집필 계약에 따른 미지급 보수금 등의 지급을 청구했다.

■ 사실관계

A는 시나리오 작가이고, D필름은 〈6년째 연애 중〉이라는 영화를 제작한 회사이며, B는 〈6년째 연애 중〉 영화의 감독이고, C는 D필름 설립자이자 대표이사이다. D필름은 로맨틱 코미디 영화를 만들기 위해 E와 영화제작에 필요한 시나리오 집필 계약을 체결하였지만 E가 D필름이 의도하는 영화의 방향을 시나리오에 반영하지 못하자, A와 〈연애 7년차〉라는 제목의 로맨틱 코미디 영화 시나리오를 작성하는 내용의 시나리오 집필 계약(이하 '이 사건 집필 계약'이라고 함)을 체결하였다.

---

16) 대법원 2011. 8. 25. 선고 2009다73882 판결

D필름은 A에게 계약금 및 1차 중도금을 지급하였고, A는
〈연애 7년차〉라는 트리트먼트, 씬리스트, 시나리오 초고 및
3회에 걸쳐 시나리오를 수정하여 제출하였다(이하 'A 시나리오'
라 함). A는 C와 시나리오의 방향에 대하여 의견 충돌이 있
는 가운데 다른 영화의 조감독 업무를 맡아 D필름의 시나리
오 수정 작업에만 전념할 수 없는 상황이 되었기 때문에 D
필름의 동의하에 새로운 작가를 구해 2주 동안 시나리오 집
필 작업을 인수인계한 후 그 작가가 나머지 수정작업을 진
행하기로 했다. 그러나 그 후 A가 2주 가운데 11일을 다른
영화제작회의에 참석하고 3일 동안만 인수인계작업을 하겠
다고 하자, D필름은 시나리오 집필 계약을 해제하고, 나머
지 보수를 지급하지 않겠다는 취지의 의사를 밝혔다.

A와 D필름 사이에 다툼이 계속되자, 결국 D필름은 A의 요
구에 따라 2차 중도금의 일부를 지급하였고, A는 D필름에
전자메일로 시나리오를 수정하여 제출했지만 기존 시나리오
와 크게 달라지지 않았고 D필름이 수정을 지시한 부분 가운
데 상당 부분이 반영되어 있지 않았다. D필름은 B와 시나
리오 집필 계약을 체결하여 시나리오를 수정하고, 그 과정
에서 B와 C는 시나리오의 제목을 〈연애 7년차〉에서 〈6년째
연애 중〉으로 변경하였고, 각색 작업을 진행하여 최종적으
로 시나리오를 완성하였다(이하 'D필름 시나리오' 라고 함). D필름은
B와 감독 계약을 체결하고, B가 C와 협력하여 완성한 시나
리오에 기초하여 영화 〈6년째 연애 중〉을 만든 다음 B, C를
각본 작가로 표시하여 영화를 개봉하였다.

■ D필름 시나리오 저작자의 결정(공동저작물 여부)

1) A의 창작적 기여(E의 시나리오 vs A 시나리오)

E의 시나리오와 A의 시나리오는 ① 제목이 같고, ② 남녀주인공이 오랜 기간 연애하면서 상대에 대해 느끼는 새로운 감정을 통해 그들 사이의 사랑에 대해 다시 돌아보게 된다는 주제가 비슷하고, ③ 주변 인물들에게 고민을 털어 놓음으로써 관객들에게 남녀주인공의 결혼관, 연애관을 소개하는 매개체로 사용한다는 점 등에서 비슷하다.

그러나 ① 등장인물들의 이름, 직업, 등장인물 간 관계설정이 다르고, ② A 시나리오에서는 남자 주인공이 한 명의 여성과 바람을 피우고 남녀주인공이 동일한 비중으로 나오며 여자주인공이 결혼보다는 일을 중시하는 모습이 부각되는 반면, E의 시나리오에서는 남자주인공이 세 명의 여성과 바람을 피우며 각기 다른 색깔의 사랑을 경험하고, 가부장적인 아버지의 성화로 다른 여성과 맞선을 보며, 여자주인공이 결혼을 위해 퇴직하려 하는 등 진부하고 보수적인 전개를 보인다는 점에서 다르며, ③ 대사가 동일한 일부 장면을 제외하고는 구체적인 상황, 사건, 대사가 다르다.

그러나 A 시나리오와 D필름 시나리오를 대비해 보면, ① 오랜 기간 연애한 남녀가 다른 이성과의 만남을 통해 서로의 관계에 대해 다시 생각해 보게 된다는 주제, ② 현재의 서울(또는 대도시)이라는 시간적·장소적 배경, ③ 오피스텔의 이웃에 살며 사실상 동거관계인 남녀가 각기 다른 이성과 만나고, 상대방에게 발각되고, 남자주인공의 가족들이 결혼을 강요하지만 여자주인공이 거부하여 이별했다가 다시 새로운 관계로 발전하게 된다는 줄거리, ④ 사건의 등장인물의 이름과 설정 등이 거의 비슷하다. 그리고 이렇게 서로 비슷한 부분은 대부분 E의 시나리오에는 없던 것으로서 A의 창작에 의한 것이다.

2) A가 D필름 시나리오에 창작적으로 기여하였는지(O)

시나리오와 같이 줄거리와 이를 영상화할 요소들을 포함한 어문저작물의 실질적 유사성은 단지 부분적·문자적 유사성에 국한되지 않고, 아이디어를 넘어서 표현으로 인정될 수 있는 포괄적·비문자적 유사성에 의하여도 인정될 수 있다. 비록 B와 C가 A 시나리오를 수정하면서 상당한 부분의 창작이 가미되었지만 A 시나리오와 D필름 시나리오는 표현의 영역에 있는 사건의 전개 과정, 등장인물에 있어서 실질적 유사성을 인정할 수 있고 대사에 있어서도 유사성이 인정되는 부분이 다수 존재한다.

법원의 판단

법원은 "A 시나리오는 E의 시나리오에 기초하여 수정 작성된 것이지만, 그 수정의 정도에 비추어 A의 창작적 기여가 부가되어 있고, A는 D필름 시나리오의 작성에 창작적으로 기여한 자로서 D필름 시나리오의 공동저작자 가운데 1인으로 봄이 상당하다. 그러나 이 사건 집필 계약에 기하여 A가 작성한 시나리오에 대한 저작재산권은 모두 D필름에 귀속되므로 저작재산권의 침해 문제는 발생할 여지가 없다. 다만, 저작인격권 가운데 성명표시권 침해 및 시나리오 집필 계약상의 의무 불이행은 발생하였다"고 판단했다.

평석

이 사건은 영화 시나리오 작업 과정에서 일반적으로 발생할 수 있는 여러 가지 이슈들을 담고 있는 사안이다. 특히 이 사건은 여러 작가가 시나리오 집필에 순차적으로 관여하여 시나리오를 수정·완성한 경우였기 때문에 결국 A가 최종 시나리오의 공동저작자에 해당하는지가 쟁점이 되었다. 이에 관하여 대법원은 최종 시나리오는 공동저작물에 해당하고 A는 그 최종 시나리오의 공동저작자라고 판단하였다. 이 사건 판결은 시나리오 작업 과정에서 시나리오 작가가 교체되는 경우, 영화 프린트의 크레디트 명기 방식에 관한 하나의 기준을 제시하고 있다고 할 수 있다.

〈드라마 김수로 극본작가 크레디트〉 사건[17]

A는 드라마 〈김수로〉를 연출한 드라마 PD이다. A는 〈김수로〉의 10회, 11회 극본의 크레디트를 '극본 C, D, B'로 표시했다. 그런데 위 10회, 11회 극본은 B가 보조 작가인 C와 D와 함께 집필한 것이 아니라 B 단독으로 집필한 것이다. 이에 A가 저작권법상 '저작자가 아닌 자를 저작자로 하여 실명·이명을 표시하여 저작물을 공표'한 것이라고 하여 저작권법 제137조 제1항 제1호 위반으로 기소 된 사안

■ 드라마 〈김수로〉 10회, 11회 극본이 B의 단독저작물인지 아니면 B, C, D의 공동저작물인지(B의 단독저작물에 해당)

 A의 주장

A가 연출한 〈김수로〉의 10회, 11회 극본은 B 이외에 C, D가 공동으로 집필에 참여하여 완성한 대본이므로 C, D에게도 공동 저작권이 인정된다.

---

17) 서울남부지방법원 2014. 1. 23. 선고 2013노122 판결(이 사건은 대법원에서 상고이유서 미제출로 인해 상고기각결정으로 최종 확정되었다. 대법원 2014. 3. 28. 선고 2014도2101 판결)

보조 작가인 C, D, E, F가 〈김수로〉의 극본 초고를 일부 작성한 사실은 있으나, C가 집필한 10회 극본은 B가 받아들이지 않았고, B가 집필한 10회 극본으로 드라마 촬영이 이루어졌다.

F가 11회, 12회 극본을 작성하였으나 감독 G가 그 극본으로는 드라마 촬영을 할 수 없다고 강하게 반발하여 결국 B가 작성한 11회 극본으로 촬영하기로 결정되었으며, B는 〈김수로〉의 회별 시놉시스를 모두 완성하여 보조 작가들에게 공개하였으므로 B가 집필한 극본과 C, D가 집필한 극본은 당연히 그 내용이 유사할 수밖에 없다(그러므로 B의 극본이 C, D, F의 극본을 축약한 것이라거나 C, D가 극본 집필에 중요한 기여를 하였다는 근거가 되기 어렵다).

한국방송작가협회에서 D와 B로부터 〈김수로〉 각각 6회부터 11회를 직접 집필하였는지 확인할 수 있는 극본 파일을 제공받아 방송 영상과 비교한 후 B가 집필한 극본에 근거하여 드라마 촬영이 이루어졌다고 결론을 내렸고, 6회부터 11회까지의 저작권료도 B에게 단독 지급되었으며, 이에 대해 C나 D가 이의를 제기하지 않았다.

이런 점에 비추어 볼 때, 〈김수로〉 10회, 11회의 극본은 B의 단독 저작물이라고 인정된다.

■ B가 집필한 드라마 〈김수로〉 10회, 11회 극본을 드라마로 방영한 것이 극본의 공표에 해당하는지(O)

 A의 주장

드라마를 방영하는 것만으로는 극본을 공표한 것이라고 볼 수 없다.

 법원의 판단

드라마 극본은 통상적으로 극본 자체로 공중에게 공개되는 경우보다는 드라마 방영을 통하여 공중에게 공개된다. B는 〈김수로〉 방영을 위한 극본 집필 계약을 체결하였으므로 드라마 방영을 통하여 극본이 공개되는 것을 당연히 전제로 하고 있었다. 이러한 점에 비추어 볼 때, 〈김수로〉 10회, 11회를 방영함으로써 B의 저작물인 10회, 11회 극본이 공표된 것이다.

■ A에게 드라마 〈김수로〉 크레디트 타이틀의 내용을 결정할 권한이 있는지(O)

 A의 주장

A는 저작물 공표 행위에 해당하는 드라마 방영의 주체가 아니고 크레디트 타이틀의 내용을 결정할 권한을 가지고 있지

않았으며, 6회 방송부터 제작사가 알려준 대로 크레디트 타이틀에 작가 이름을 표시하였을 뿐이다.

 법원의 판단

드라마 크레디트 타이틀에 올릴 내용을 결정하는 것은 해당 드라마 감독의 고유 권한이므로, A는 〈김수로〉 10회, 11회의 크레디트 타이틀을 결정할 권한이 있었다.

■ A에게 저작권법 위반의 고의가 있었는지(O)

 A의 주장

A는 〈김수로〉의 10회, 11회 극본 역시 보조 작가들과 이전 경우처럼 공동 집필하는 것으로 알고 있었고, 게다가 C, D의 극본과 B의 극본 내용이 비슷했기 때문에 A가 위와 같이 생각한 데에는 합리적인 이유가 있었으므로 저작권법 위반행위에 대한 고의나 위법성의 인식은 없었다.

 법원의 판단

〈김수로〉 10회, 11회 극본을 최종 확정할 때 여러 논의와 갈등이 있었으나 결국 B가 집필한 극본으로 드라마 촬영을 하기로 결정되었고, B가 집필한 10회, 11회 극본으로 드라마 촬영을 일부 마친 상태에서 촬영 현장으로 C, D가 집필한 극본이 A에게 전달되었으며, 이에 A는 〈김수로〉 드라마 제작 총괄자인 H에게 어느 극본으로 촬영해야 하는지 문의하였고, H로부터 C, D의 극본으로 촬영하자는 대답을 받았으나, 이미 촬영이 일부 이루어졌으므로 B의 극본으로 촬영하겠다고 이야기하였다. 이에 따라 B가 집필한 10회, 11회 극본으로 드라마 촬영이 계속되었고, 이러한 사정을 현장 스탭들이나 배우들도 알고 있었다. 그러므로 A는 B가 집필한 극본으로 〈김수로〉 10회, 11회가 촬영되었음을 누구보다 확실하게 알고 있었다고 봄이 상당하다.

또, 극본 집필자가 B로 표시된 극본이 B 단독의 극본임을 A가 알고 있었는지에 대해서는, B가 보조 작가들에게 회별 시놉시스를 공개하였기 때문에 그 내용이 유사할 수밖에 없고, A도 〈김수로〉의 극본 집필과 관련하여 B, C, D, F, G 사이에 갈등이 있음을 알고 있었으며, 그러한 상황에서 극본 집필자가 B로 표시된 대본과 C, D로 표시된 대본이 각각 시기를 달리하여 촬영 현장에 전달되고 제작 총괄자에게 어느 대본으로 촬영해야 하는지 문의까지 하였다면 극본 집필자가 B로 표시된 극본이 B 단독으로 작성한 극본임을 알고 있었다고 봄이 상당하다.

평석

이 사건은 A가 〈김수로〉의 10회, 11회의 극본 크레디트를 '극본 B, C, D'로 표시한 것이 저작권법 제137조 제1항 제1

호에서 규정하고 있는 '저작자 아닌 자를 저작자로 하여 실명·이명을 표시하여 저작물을 공표' 한 행위에 해당하는지가 논란이 된 사건이었다. 위 저작권법 규정에 위반된다고 하기 위해서는 ① 저작자가 아닌 자를 저작자로 하여 표시할 것, ② 해당 저작물을 공표할 것이라는 두 가지 요건이 충족되어야 한다. 따라서 위 두 가지 요건 가운데 하나만 충족되지 않더라도 위 저작권법 규정 위반에는 해당하지 않게 된다.

따라서 이 사건에서 A가 처벌을 받지 않기 위해서는 ① C와 D가 〈김수로〉의 10회, 11회 극본의 공동저작자이거나 ② 비록 C와 D가 공동저작자가 아니더라도, A가 〈김수로〉의 10회, 11회 극본을 공표하지 않으면 된다. 그래서 A는 이 두 가지 모두를 주장했다.

그러나 드라마 〈김수로〉의 10회, 11회 극본은 B의 단독저작물이기 때문에 B, C는 위 극본의 공동저작자가 아니고, 이러한 사실을 A도 잘 알고 있었다. 그리고 〈김수로〉 10회, 11회를 방영은 B의 저작물인 10회, 11회 극본의 공표에 해당한다. 따라서 결국 A는 ① B와 C가 〈김수로〉의 10회, 11회 극본의 저작자가 아님을 알면서 B와 C를 위 극본의 공동저작자로 표시하여 ② 이를 드라마로 방영을 통해 공표하였으므로, 저작권법 제137조 제1항 제1호의 두 가지 요건을 모두 충족시켰다고 할 수 있다.

2
극적저작물의
공동저작(권)자와 그 이용

저작물을 단독으로 창작할 수도 있지만, 여러 명이 공동으로 창작하는 경우도 있고, 창작에는 기여하지 않았더라도 저작권의 일부 지분을 양수하는 등의 방법으로 하나의 저작물에 대해 여러 명이 공동으로 저작권을 가지는 경우도 있다. 이제부터 1) 하나의 저작물에 창작적 기여를 여러 명이 한 경우 그 수인을 '원시적 공동저작자'라고 칭하고, 2) ① 저작물에 창작적 기여를 한 자가 그 저작권의 일부 지분을 타인에게 이전함으로써 하나의 저작물에 대해 저작권을 공동으로 소유하고 있는 경우에 있어서 그 수인과 ② 창작적 기여를 하지 않은 자들이 하나의 저작물에 대해 저작권을 공동으로 소유하고 있는 경우에 있어서 그 수인을 '후발적 공동저작권자'라고 칭하기로 한다.

(1) 극적저작물의 원시적 공동저작자와 그 이용

1) 원시적 공동저작자들이 창작한 저작물을 '공동저작물'이라고 한다. 저작권법은 공동저작물을 '2인 이상이 공동으로 창작한 저작물로서 각자의 이바지한 부분을 분리하여 이

용할 수 없는 것'(저작권법 제2조 제21호)이라고 정의하고 있다. 따라서 2인 이상이 공동 창작의 의사를 가지고 창작적인 표현 형식 자체에 공동의 기여를 함으로써 각자의 이바지한 부분을 분리하여 이용할 수 없는 단일한 저작물을 창작한 경우 이들은 그 저작물의 공동저작자가 된다. 여기서 공동 창작의 의사는 법적으로 공동저작자가 되려는 의사를 뜻하는 것이 아니라, 공동의 창작 행위에 의하여 각자의 이바지한 부분을 분리하여 이용할 수 없는 단일한 저작물을 만들어 내려는 의사를 뜻하는 것이다.

이와 구별되는 개념으로 '결합저작물'이 있다. 결합저작물은 외관상으로는 하나의 저작물로 보이지만 실제는 여러 저작물이 단순히 결합만 된 것으로서 각 저작물에 대해 각자가 별도의 저작권을 가지는 저작물을 의미한다. 예컨대, 대중음악은 작사와 작곡이라는 각각의 저작물이 단순히 결합만 된 형태이기 때문에 결합저작물에 해당한다. 따라서 누군가 특정 음악의 작사와 관련된 저작권을 침해하거나 작사 이용에 관한 허락을 받고자 하는 경우에는 해당 작사에 관해 저작권을 가진 자만이 저작권 침해를 주장하거나 이용허락을 할 수 있고, 작곡에 관해 저작권을 가진 자는 어떠한 권리도 주장할 수 없게 된다.

서적의 경우에도 비록 그 표지에 'A, B 공저'라고 표시되어 있더라도, 총 15장 가운데 실제 1장부터 7장까지는 A가 저술했고, 8장부터 15장까지는 B가 저술했다면, 이는 공동저작물이 아니라 결합저작물에 해당한다. 즉, A와 B가 각자 저술한 그들의 저작물을 단순히 결합해서 한 권의 책으로 출판한 것에 불과한 것이다.

공동저작물은 창작적 기여의 시점과 장소가 서로 다르더라도 그 공동저작자들이 공동 창작의 의사를 가지고 각각 맡은 부분의 창작을 하여 각 기여 부분을 분리하여 이용할 수 없는 저작물이 되면 족하다. 따라서 하나의 저작물에 2인 이상이 시기를 달리하여 창작에 관여한 경우, 선행 저작자에게는 자신의 저작물이 완결되지 아니한 상태에서 후행 저작자가 이를 수정·보완하여 새로운 창작성을 부가하는 것을 허락 내지 수인하는 의사가 있고, 후행 저작자에게는 선행 저작자의 저작물에 터 잡아 새로운 창작을 부가하는 의사가 있다면, 이들에게는 각 창작 부분의 상호 보완에 의하여 하나의 저작물을 완성하려는 공동 창작의 의사가 있는 것으로 인정할 수 있다.

여기서 '기여 부분을 분리하여 이용할 수 없다'는 의미는 그 분리가 불가능한 경우뿐만 아니라 분리할 수는 있지만 현실적으로 그 분리 이용이 무의미한 경우도 포함하고, 또한 저작물의 원본, 복제물 등에 저작자로서의 실명 또는 이명으로서 널리 알려진 것이 일반적인 방법으로 표시된 자는 그 저작물의 저작자로 추정(저작권법 제8조 제1항 제1호)되지만, 공동으로 저작물의 창작에 기여한 이상 그 저작물에 대하여 공동저작자 가운데 1인 또는 그 일부만이 저작자라고 표시되는 경우에도 다른 공동저작자들은 저작권법상 공동저작자로서의 권리를 주장할 수 있다.

특히 시나리오처럼 여러 집필 작가들의 동시 또는 순차적수정 작업에 의하여 완성하고, 최종적으로 완성된 시나리오를 각 작가가 기여한 부분별로 분리하여 이용할 수 없는 저작물이라면, 후행 저작자의 수정·보완의 결과 선행 저작자의 창작적 기여 부분이 전혀 남아 있지 않은 경우를 제외하고는, 완성된 저작물은 이에 대하여 창작적 기여를 한 작가들의 공동저작물로 봄이 상당하다. 이 점에서 선행 저작자에게 위와 같은 의사 없이 후행 저작자에 의하여 새로운 창작성이 부가된 2차적저작물과 구별된다.

2) 이러한 공동저작물의 저작재산권은 그 저작재산권자 전원 합의에 의하지 않고서는 이를 행사할 수 없다(저작권법 제48조 제1항 전문). 그렇다면 원시적 공동저작자 가운데 일부가 다른 원시적 공동저작자의 동의 없이 그 공동저작물을 무단으로 이용하면 그것은 공동저작물에 관한 저작재산권의 행사 방법을 위반한 행위일까? 아니면 다른 원시적 공동저작자의 저작재산권을 침해하는 행위일까?

앞서 본 〈수필 친정엄마〉 vs 〈연극 친정엄마〉 사건[18](97쪽 참고)을 통해 이에 대한 해답을 찾아보겠다.

---

18) 대법원 2014. 12. 11. 선고 2012도16066 판결

■ 최종대본이 A가 집필한 초벌대본의 2차적저작물인지 및 D가 A
   와 함께 최종대본의 공동저작자가 되는지(O)

① A는 자신이 작성한 연극 〈친정엄마〉의 초벌대본이 C에
의하여 수정·보완되어 새로운 창작성이 부여되는 것을 용인
하였고, C도 A와 별개의 연극 대본을 작성할 의도가 아니라
A가 작성한 초벌대본을 기초로 이를 수정·보완하여 보다
완성도 높은 연극 대본을 만들기 위하여 최종대본의 작성
작업에 참여한 점, ② A는 초벌대본이 C에 의하여 수정·보
완되어 연극으로 공연되기까지 극작가의 지위를 유지하면서
대본 작업에 관여하였고, C도 최종대본의 작성 과정에서 A
로부터 수정·보완 작업의 전체적인 방향에 관하여 일정 부
분 통제를 받기는 하였으나 상당한 창작의 자유 또는 재량
권을 가지고 수정·보완 작업을 하여 연극의 중요한 특징적
요소가 된 새로운 캐릭터, 장면 및 대사 등을 상당 부분 창
작한 점, ③ 최종대본은 그 창작적인 표현 형식에 있어서 A
와 D가 창작한 부분을 분리하여 이용할 수 없는 단일한 저
작물이 된 점 등을 살펴보면, A와 D는 최종대본의 공동저
작자로 봄이 타당하다.

■ 공동저작자 사이에서 저작권 침해가 성립되는지(X)

저작권법 제48조 제1항 전문은 '공동저작물의 저작재산권
은 그 저작재산권자 전원의 합의에 의하지 아니하고는 이를
행사할 수 없다'고 정하고 있다. 그런데 위 규정은 어디까지

나 공동저작자들 사이에서 각자의 이바지한 부분을 분리하여 이용할 수 없는 단일한 공동저작물에 관한 저작재산권을 행사하는 방법을 정하고 있는 것일 뿐이므로, 공동저작자가 다른 공동저작자의 합의 없이 공동저작물을 이용하는 것은 저작재산권 행사 방법 위반한 것일 뿐, 저작재산권 침해까지 된다고 볼 수는 없다. 따라서 A가 최종대본의 공동저작자인 C의 합의 없이 최종대본을 이용했더라도 저작권 침해 행위에는 해당하지 않는다.

평 석

이 사건은 종래 공동저작(권)자 가운데 일부가 다른 공동저작(권)자의 동의 없이 해당 공동저작물을 무단으로 사용하는 것이 다른 공동저작(권)의 저작권을 침해하는 것인지에 관한 논쟁을 종식시킨 의미 있는 판례다. 이 사건에서 법원은 최종대본을 수필 〈친정엄마〉의 2차적저작물로서 별개의 새로운 저작물로 본 후, 초벌대본과 최종대본을 하나의 저작물로 봄으로써 결국 최종대본의 창작에 기여한 A와 C를 최종대본의 공동저작자로 판단하여, 단지 저작권 행사 방법을 위반한 것에 불과하다고 판단하였다.

(2) 극적저작물의 후발적 공동저작권자와 그 이용

1) 저작권 실무를 하다보면 가장 모호하면서도 빈번하게 발생하는 분쟁이 바로 동업 등의 관계에서 창작된 저작물의 이용에 관한 저작권 다툼이다. 당사자들이 협력관계를 유지하고 있을 때에는 문제될 것이 없지만, 당사자들 간 내부적 분쟁으로 협력관계를 유지할 수 없게 되거나 또는 관계의 본래적 목적을 달성함으로써 더 이상 관계를 유지할 필요가 없게 된 때에는 전혀 얘기가 달라진다.

저작물이 동업 등 일정한 협력관계 하에서 창작된 경우, 통상 당사자들은 저작물에 관한 저작권 귀속과 그 이용에 관한 특약을 미리 정해 두는 경우가 드물다. 이는 당사자들이 협력관계를 형성하는 초기 또는 관계 형성 중에는 좋은 게 좋은 거라는 안일한 생각으로 창작된 저작물의 저작권 귀속 등에 관해 별다른 고민을 하지 않다가, 관계 종결 후에야 비로소 그 저작물의 저작권자가 누구인지, 저작물을 이용하려면 어떻게 해야 하는지 그리고 저작물에 관해 저작권을 공동으로 보유하게 된 경우에 있어서 자신의 지분을 임의로 양도할 수 있는지를 고민하기 시작하기 때문이다. 그러나 그때는 이미 당사자들이 협의를 통해 그 문제를 해결할 수 있는 시기를 놓쳐버린 경우가 대부분이다.

법적분쟁 과정에서 다른 후발적 공동저작권자의 동의 없이 임의로 저작물을 이용한 후발적 공동저작권자는 ① 자신은 저작물의 창작성에 이바지하였지만, 동업자 등은 저작물의 창작행위에 기여한 바가 없으며, 있다 해도 자신의 지시에 의한 것이거나 통상 그러한 종류의 저작물을 창작하는 과정에서 발생하는 의례적인 부분에 불과하다고 주장하거나 ② 동업자 등이 후발적 공동저작권자라고 판단되는 경우라도, 동업자 등의 동의 없는 저작물 이용행위는 저작재산권 침해 문제가 아니라 저작재산권의 행사 방법을 위반한 것에 불과하다고 주장하는 것이 일반적이다.

위 ②와 관련해서는 수필 〈친정엄마〉 vs 연극 〈친정엄마〉 사례에서 대법원이 공동저작물의 저작재산권 행사 방법의 위반에 불과한 것이지 다른 공동저작자의 저작재산권을 침해하는 문제는 아니라고 판시한 바가 있다. 다만, 이 대법원 판례는 저작권법 제48조 제1항 본문에서 규정하고 있는 원시적 공동저작자와 관련된 것이기 때문에 이를 후발적 공동저작권자들 간의 저작재산권 행사 방법에도 적용할 수 있을지가 문제될 수 있다. 이 경우 그 적용 여부는 저작권의 특성, 후발적 공동저작권자 상호간의 인적 결합 관계, 저작재산권을 공동 보유하게 된 경위 등을 종합적으로 고려하여 판단해야 할 것이다.

영화 〈두사부일체〉 vs 영화 〈투사부일체〉 사건[19]

J엔터테인먼트와 주식회사 F는 영화 〈두사부일체〉의 공동제작계약을 체결했다. 그 계약에서 J엔터테인먼트는 영화제작을, 주식회사 F는 투자 및 투자 유치·비용 집행·판권 거래 등을 각각 담당하기로 한 뒤, 영화의 감독·연출·촬영·편집 담당자들·배우들 등과 영화제작협력계약을 체결하였다.

이후 주식회사 F는 A회사와 투자계약을 체결하였는데, 이 때 A회사가 주식회사 F에 투자를 하는 대신 주식회사 F가 가지는 영화 〈두사부일체〉의 저작재산권 지분을 수익금 분배비율에 따라 공동소유하기로 약정하고 J엔터테인먼트의 동의 없이 영화 〈두사부일체〉의 저작재산권 지분을 A회사에게 양도하였다.

그 후 J엔터테인먼트는 영화 〈두사부일체〉를 제작하여 상영하였다. 그러나 이후 K가 B회사를 설립하여 주식회사 F의 동의하에 J엔터테인먼트로부터 영화 〈두사부일체〉 관련 저작재산권 및 제작사가 갖는 모든 권리를 승계 받아 영화 〈투사부일체〉를 제작하여 상영하자 A회사는 B회사가 영화 〈두사부일체〉에 관한 저작재산권의 지분을 가지고 있는 A회사의 허락 없이 영화 〈투사부일체〉를 제작(2차적저작물작성권 침해)했다는 이유로 손해배상 청구 소송을 제기하였다.

---

19) 서울고등법원 2008. 7. 22. 선고 2007나67809 판결

■ 영화 〈두사부일체〉의 영상제작자는 누구인지(J엔터테인먼트와 주
  식회사 F)

B회사의 주장

영화 〈두사부일체〉의 영상제작자는 영화자체의 구체적인 제
작 과정을 기획하고 이를 책임진 J엔터테인먼트이므로, J엔
터테인먼트만이 저작재산권자에 해당한다. 따라서 단순한
투자자에 불과한 주식회사 F는 영화 〈두사부일체〉와 관련하
여 어떠한 저작재산권도 갖고 있지 않으므로 A회사는 애초
에 주식회사 F로부터 저작재산권을 양도받을 수가 없는 것
이다. 그러므로 영화 〈두사부일체〉에 관한 저작재산권의 일
부 지분을 보유하고 있다는 것을 전제로 한 A회사의 이 사
건 청구는 그 자체로 받아들일 수 없다.

법원의 판단

영화의 제작에 관하여는 다수 당사자 가운데 누구를 저작자
로 인정할 것인지 또는 누구에게 저작재산권이 귀속되는 것
으로 할지를 정해야 하는데, 이에 관해 저작권법은 영상저
작물에 관한 특례를 두어 영상제작자가 저작물의 이용에 필
요한 권리를 양도받은 것으로 추정하고 있는바, 저작권법이
규정하고 있는 영상제작자는 영상저작물 자체의 창작 과정
을 기획하고 책임을 지는 자만을 의미하는 것으로 좁게 해
석할 수는 없고, 그 외 영상저작물의 제작을 위하여 직접 투

자를 하거나 다른 투자자를 유치하고 영상저작물의 제작과 관련된 제반 사무처리 및 회계업무를 담당하는 등 영상저작물의 제작과 관련된 사무적인 업무를 전체적으로 기획하고 책임지는 자 역시 전체 영상 제작 과정에 기여한 정도에 따라 영상제작자에 포함될 수 있다.

따라서 J엔터테인먼트와 영화제작계약을 체결하여 판권 거래 등 모든 상행위 관련 업무를 담당하여 해당 분야의 전체를 기획하고 책임졌던 주식회사 F도 영화 〈두사부일체〉의 공동 영상제작자에 해당한다.

평석

A회사가 B회사를 상대로 제기한 이 사건 청구가 의미 있기 위해서는 J엔터테인먼트의 허락 없이 주식회사 F가 영화 〈두사부일체〉에 관해 갖고 있는 저작재산권의 지분을 A회사에 양도한 것이 B회사에 대해 그 효력을 주장할 수 있어야만 한다.

일반적인 경우라면 특별히 문제될 것이 없겠지만 만일 J엔터테인먼트가 영화 〈두사부일체〉의 공동저작권자로서 그것의 저작재산권을 가지고 있다면 주식회사 F는 자신이 가지는 영화 〈두사부일체〉의 저작재산권의 지분을 A회사에 양도할 때 저작권법 제48조 제1항에 따라 J엔터테인먼트의 승낙을 받아야만 하고 그렇지 않으면 그 양도의 효력을 J엔터테인먼트나 J엔터테인먼트로부터 영화 〈두사부일체〉에 관한 모든 권리를 승계 받은 B회사에 대해 주장할 수 없게 될 수 있다.

그런데 영화와 같은 영상저작물의 경우에는 영상제작자가 영화제작에 협력할 것을 약정한 사람으로부터 그들이 영화에 대해 가지는 저작권을 양수받는 것으로 추정되기 때문에 영화제작자가 해당 영화의 저작재산권을 가진다. 따라서 이 사건의 경우에도 영화 〈두사부일체〉의 저작재산권을 가지는 주체는 영화제작자가 될 것인데, 과연 J엔터테인먼트와 주식회사 F의 영화제작계약에 따라 영화 〈두사부일체〉의 직접적인 제작에는 관여하지 않고 투자 등의 업무를 하기로 약정한 주식회사 F가 영화제작자가 될 수 있는지가 문제되었다. 주식회사 F도 영화제작자가 된다면 그도 영화 〈두사부일체〉에 대한 저작재산권을 가질 수 있기 때문이다.

이에 법원은 영상저작물의 제작을 위하여 직접 투자를 하거나 다른 투자자를 유치하고 영상저작물의 제작과 관련된 제반 사무처리 및 회계업무를 담당하는 등 영상저작물의 제작과 관련된 사무적인 업무를 전체적으로 기획하고 책임지는 자 역시 전체 영상 제작 과정에 기여한 정도에 따라 영상제작자에 포함될 수 있다고 하면서 J엔터테인먼트뿐만 아니라 주식회사 F도 영화 〈두사부일체〉의 영화제작자에 해당한다고 판시하였다. 따라서 주식회사 F는 J엔터테인먼트와 함께 영화 〈두사부일체〉에 대한 저작재산권을 가지게 된다.

3) 소 결

당사자들 사이에 일정한 협력관계에서 창작된 저작물에 있어서 저작권이 누구에게 귀속되는지 등을 미리 협의해 두지 않으면 협력관계 종료 이후에 그 저작물에 관한 저작권 행사의 주체 등이 명확하지 않게 되어 결국 법적분쟁으로 번질 가능성이 대단히 높다. 따라서 이러한 당사자들 간의 분쟁의 소지를 미연에 방지하고, 기왕에 창작된 저작물을 보다 효율적으로 활용하기 위해서라도 당해 저작물에 관한 저작권을 누구에게 귀속시킬 것인지 그리고 공동으로 저작권을 보유하게 되는 경우 협력관계 종료 이후에 그 저작물을 공동 저작권자 모두가 상호 동의 없이 저작권을 행사할 수 있도록 할 것인지 만일 그렇다면 저작권을 행사할 수 있는 범위는 어느 정도까지로 정할 것인지 등에 관하여 당사자들이 미리 협의해 두는 것이 무엇보다도 중요하다.

3

극적저작물의 저작권 양도

1) 저작권 양도와 관련해서는 이미 앞에서 살펴본 바가 있다. 이에 관해 다시 한 번 간단하게 살펴보면, 저작권을 구성하는 권리인 저작재산권과 저작인격권 가운데 양도가 가능한 것은 저작재산권에만 국한된다. 따라서 통상 저작권 양도라고 할 때 그것은 저작재산권의 양도를 의미한다.

2) 저작권 침해를 당한 후에 저작권을 양도할 때는 꼭 고려해야 할 것이 하나 있다. 저작권 양도인이 이미 발생한 저작권 침해에 대해 손해배상을 청구하고자 한다면 보통의 저작권 양도계약에 따라 저작권을 양도하면 되겠지만, 그렇지 않고 저작권 양수인이 기존 저작권 침해에 따른 손해배상 청구를 하고자 하는 경우에는 단순히 저작권을 양도하는 것만으로는 부족하고, 저작재산권 양도계약 내용에 '양도인은 양수인에게 본 저작재산권 양수도 이전에 양도인이 제3자에 대해 가지는 저작권 침해에 따른 손해배상청구권을 양도한다'는 조항을 포함시켜 저작권 양도 이전에 양도인이 침해자에게 가지고 있던 저작권 침해에 따른 손해배상청구권까지 승계 받아야 한다.

그러나 저작권과 함께 저작권 침해에 따른 손해배상청구권까지 확실하게 양도한다고 해도, 이는 어디까지나 저작재산권과 관련된 것이기 때문에 저작인격권 침해에 따른 손해배상 청구는 여전히 저작자가 해야 한다. 따라서 위와 같은 상황에서 저작권 침해에 따른 손해배상 청구 소송을 제기할 때는 그 소송의 원고를 양수인으로만 할 것이 아니라, 먼저 저작재산권 침해와 관련해서는 '양수인'을, 저작인격권 침해와 관련해서는 '저작자'(양도인이 저작자인 경우에는 양도인)를 원고로 삼아야만 제대로 된 손해배상을 받을 수 있다.

3) 그리고 또 하나 주의할 것은 저작재산권 전부를 양도하더라도 그 가운데 2차적저작물작성권를 양도한다는 것을 당사자가 특별히 약정하지 않으면 2차적저작물작성권은 양도되지 않는 것으로 추정된다는 것이다(저작권법 제45조 제2항). 그러므로 2차적저작물작성권를 포함한 저작재산권 전부를 양도받기 위해서는 2차적저작물작성권도 양도대상에 포함된다는 점을 계약서에 반드시 기재해야만 한다.

이와 관련하여 앞서 본 영화 〈클래식〉 vs 드라마 〈사랑비〉 사건20)(80쪽 참고)을 다시 살펴보겠다.

---

20) 서울중앙지방법원 2012. 7. 20. 선고 2012카합1315 판결

■ B회사에게 〈클래식〉에 관한 저작재산권을 양도한 A회사가 2차
  적저작물작성권을 가지고 있다고 할 수 있는지(O)

 B회사 등의 주장

A회사는 이미 투자사에 〈클래식〉에 관한 저작재산권 일체
를 양도하였다.

 법원의 판단

A회사가 투자사에 〈클래식〉에 관한 저작재산권을 양도한
점은 소명되나, 저작재산권의 전부를 양도하는 경우에 특약
이 없는 때에는 2차적 저작물을 작성할 권리는 포함되지 아
니한 것으로 추정되고(현행 저작권법 제45조 제2항), A회사와 투자
사 사이에 2차적저작물작성권에 관한 양도 특약이 있었다고
인정하기에 부족하므로, A회사에게는 〈클래식〉에 관한 2차
적저작물작성권이 남아 있음이 일응 소명된다.

평석

이 사건에서 법원은 A회사가 투자사에 〈클래식〉에 관한 저
작재산권을 양도했지만, 〈클래식〉에 관한 2차적저작물작성
권까지 양도했다는 증거를 발견할 수 없다는 이유로 현행 저
작권법 제45조 제2항에 따라 A회사가 여전히 〈클래식〉에
관한 2차적저작물작성권을 보유하고 있다고 판단하였다.

4) 저작권법은 공동저작물의 경우 그 저작재산권은 다른 저작재산권자의 동의가 없으면 그 지분을 양도할 수 없다고 규정(저작권법 제48조 제1항)하고 있다. 그러나 저작재산권을 후발적 사유에 의하여 공동 보유[21]하게 된 경우의 지분 양도에 관해서는 아무런 규정을 두고 있지는 않다.

그렇지만 ① 저작권을 그 권리의 종류별로 나누어 처분하거나 이용을 허락하는 것은 몰라도, 저작물을 지분으로 분할하여 양도하거나 이용 허락할 것을 상정하기는 어려운 점, ② 공동저작에 의하여 저작권을 원시적으로 공동 보유하게 된 경우와 저작권 성립 후 이를 수인이 공동으로 양수하거나, 일부 지분의 양도 등에 의하여 후발적으로 공동 보유하게 되는 경우를 차별할 근거를 발견하기는 어려운 점 ③ 특허권 및 상표권은 공유관계의 발생이 원시적인지 후발적인지를 묻지 않고 권리의 행사 및 지분양도 제한에 관한 규정을 두고 있는 점 등에 비추어 보면, 저작재산권을 후발적 사유에 의하여 공동 보유하는 경우 특별한 사정이 없는 한 저작재산권의 공동 보유자 사이의 저작재산권 행사 등에 관하여는 일반적으로 저작권법 제48조를 유추 적용함이 상당하다.

---

21) 영상제작자는 저작권법 제100조 제1항에 따라 감독, 연출자, 촬영감독 등 영상제작에 협력할 것을 약정한 자로부터 영상저작물에 대한 저작재산권을 양수받기 때문에 원시적으로 저작권을 취득하는 것이 아니라 후발적으로 저작재산권을 양수받게 된다. 따라서 영화 〈두사부일체〉의 영상제작자들인 J엔터테인먼트와 주식회사 F는 영화 〈두사부일체〉에 대한 저작재산권을 후발적으로 공동 보유하게 되는 것이다.

5) 2차적저작물작성권을 포함한 저작재산권 전부를 양도하려고 해도, 애초에 양도자가 2차적저작물작성권을 가지고 있지 않다면 그 양수인 또한 해당 저작물에 관한 2차적저작물작성권을 가지지 못하는 것은 당연할 것이므로 양수인의 입장에서는 양도인이 양도대상 저작물에 관해 2차적저작물작성권까지 보유하고 있는지 여부를 반드시 확인할 필요가 있다.

위 4), 5)와 관련하여 영화 〈두사부일체〉 vs 영화 〈투사부일체〉 사건[22](124쪽 참고)을 다시 살펴보겠다

■ 주식회사 F가 영화 〈두사부일체〉에 관해 J엔터테인먼트와 공동으로 보유하고 있는 저작재산권 지분을 A회사에게 양도한 행위가 B회사에 대해 그 효력이 미치는지(X)

주식회사 F는 저작권법 제48조 제1항에 의하여 J엔터테인먼트와 공동 보유하고 있는 영화 〈두사부일체〉에 관한 저작재산권의 지분 전부 또는 일부를 양도함에 있어 다른 저작재산권자인 J엔터테인먼트의 동의를 얻어야 하며, 그와 같은 동의가 없는 양도는 다른 저작재산권자인 J엔터테인먼트에게는 물론 그로부터 영화 〈두사부일체〉에 대한 저작재산권 일체를 승계한 B회사에 대하여도 효력이 없다.

---

22) 서울고등법원 2008. 7. 22. 선고 2007나67809 판결

■ 주식회사 F가 영화 〈두사부일체〉에 관해 J엔터테인먼트와 공동
  으로 보유하고 있는 저작재산권에 2차적저작물작성권도 포함되
  어 있는지(X)

주식회사 F가 영화 〈두사부일체〉에 관해 J엔터테인먼트와
공동으로 보유하고 있는 저작재산권 지분을 A회사에게 양
도한 행위가 B회사에 대해 효력이 없기 때문에, 이 사건은
더 나아가 살펴볼 필요가 없지만, 설령 효력이 있다 하더라
도, A회사가 B회사에게 2차적저작물작성권 침해를 주장하
기 위해서는 애초에 A회가 주식회사 F로부터 지분의 형식으
로 양도받은 영화 〈두사부일체〉의 저작권재산권의 내용에 2
차적저작물작성권이 포함되어 있어야 한다.

그렇다면 A회사에게 영화 〈두사부일체〉의 저작재산권의 지
분을 양도한 주식회사 F가 영화 〈두사부일체〉에 대한 2차적
저작물작성권을 가지고 있었는지에 관해 살펴보자.

 A회사의 주장

A회사는 투자계약에 의하여 영화 〈두사부일체〉의 저작재산
권의 지분을 주식회사 F와 공동으로 보유하는 공동 저작재
산권자이며, A회사가 공동으로 보유하는 저작재산권에는
영화 〈두사부일체〉의 2차적저작물작성권이 포함되어 있다.
B회사가 제작·상영한 영화 〈투사부일체〉는 주요 등장인물
의 이름, 성격, 직업, 관계, 전체적인 사건의 구성과 전개 과

정 등에 있어 영화 〈두사부일체〉와 실질적 유사성이 인정되는 2차적저작물이므로, A회사의 2차적저작물작성권을 침해하는 것이다.

 법원의 판단

J엔터테인먼트와 주식회사 F가 감독 등과 영화제작협력계약을 체결하여, 현행 저작권법 제100조 제1항에 의해 감독 등으로부터 양도받은 것으로 추정되는 권리에는 〈두사부일체〉에 관한 2차적저작물작성권은 포함되어 있지 않은 것이 법문상 명백하다. J엔터테인먼트와 주식회사 F가 위 영화제작협력계약에 의하여 영화 〈두사부일체〉에 관한 저작재산권 전부를 감독 등으로부터 양도받았다고 하더라도, 현행 저작권법 제45조 제2항[23])에 의하면 특약으로서 2차적저작물작성권을 양도한다는 명시적인 약정이 없는 한 그 양도되는 저작재산권에는 2차적저작물작성권은 포함되어 있지 않는 것으로 추정되는데, 위 영화제작협력계약서에는 감독 등이 속편 제작에 관한 2차적저작물작성권까지 양도의 대상으로 삼았다고 보기 어렵다. 결국 A회사의 청구는 영화 〈투사부일체〉가 영화 〈두사부일체〉의 2차적저작물에 해당하는지 여부에 관하여 더 나아가 살펴볼 필요도 없다.

---

23) 제45조(저작재산권의 양도) ②저작재산권의 전부를 양도하는 경우에 특약이 없는 때에는 제22조에 따른 2차적저작물을 작성하여 이용할 권리는 포함되지 아니한 것으로 추정한다.

주식회사 F는 J엔터테인먼트와 함께 영화 〈두사부일체〉의 공동 영상제작자이기 때문에 저작권법 제100조 제1항 및 제3항24)에 따라, 영화제작에 협력한 자들로부터 영상저작물 이용에 필요한 권리 등을 J엔터테인먼트와 함께 공동으로 양도받아 영화제작계약에서 합의한 지분의 비율로 영화 〈두사부일체〉의 저작재산권을 공동 보유하는 점은 인정되었다.

그러나 주식회사 F가 영화 〈두사부일체〉의 저작재산권 가운데 자신의 지분 일부를 J엔터테인먼트 동의 없이 A회사에게 양도할 수 있는지는 전혀 별개의 문제이다. 왜냐하면 영화라는 하나의 영상저작물에 관해 저작재산권의 지분 일부를 다른 지분권자의 동의 없이 양도한다는 것은 영상저작물의 원활한 활용이라는 측면에서 심각한 문제를 일으킬 수도 있기 때문이다.

이에 법원은 A회사가 영화 〈두사부일체〉에 관한 저작재산

---

24) 제100조(영상저작물에 대한 권리) ① 영상제작자와 영상저작물의 제작에 협력할 것을 약정한 자가 그 영상저작물에 대하여 저작권을 취득한 경우 특약이 없는 한 그 영상저작물의 이용을 위하여 필요한 권리는 영상제작자가 이를 양도 받은 것으로 추정한다. ③영상제작자와 영상저작물의 제작에 협력할 것을 약정한 실연자의 그 영상저작물의 이용에 관한 제69조의 규정에 따른 복제권, 제70조의 규정에 따른 배포권, 제73조의 규정에 따른 방송권 및 제74조의 규정에 따른 전송권은 특약이 없는 한 영상제작자가 이를 양도 받은 것으로 추정한다.

권을 공동 보유하고 있는 주식회사 F로부터 저작재산권 지분을 양도받았더라도, 당시 영화 〈두사부일체〉의 다른 공동 저작권자인 J엔터테인먼트의 동의가 없는 상태에서 이루어졌으므로 그 효력을 주장할 수 없다고 판단하였다.

그러나 만일 위 양도의 효력을 B회사에 대해 주장할 수 있다고 하더라도, 주식회사 F가 저작권법 제100조 제1항 또는 영화에 협력할 것을 약정한 사람들과 체결한 영화제작협력계약에 의하여 양도받은 것으로 추정되는 권리에는 2차적저작물작성권이 포함되어 있지 않으므로, 주식회사 F로부터 영화 〈두사부일체〉의 2차적저작물작성권에 관한 지분을 양도받아 이를 보유하고 있다는 것을 전제로 한 A회사의 이 사건 청구는 이유가 없다고 법원은 판단하였다.

즉, 이 사건 법원은 주식회사 F는 영화 〈두사부일체〉에 관한 2차적저작물작성권을 가지고 있지 않은 상태였고, 이러한 주식회사 F로부터 A회사는 영화 〈두사부일체〉에 관한 저작권 지분을 양도받은 것이므로, A회사도 당연히 영화 〈두사부일체〉에 관한 2차적저작물작성권을 가지고 있지 않기 때문에, A회사는 영화 〈투사부일체〉가 영화 〈두사부일체〉의 2차적저작물작성권을 침해했다는 주장을 할 수 없다고 판단한 것이다.

극적저작물의
저작재산권과
저작인격권

들어가며

저작권은 저작재산권과 저작인격권으로 구성되어 있다. 따라서 저작권이 침해됐다는 것은 저작재산권 침해일 수도 있고 저작인격권 침해일 수도 있고 둘 다에 대한 침해일 수도 있다. 따라서 저작권 침해 사건에서는 그것이 저작재산권 침해인지, 저작인격권 침해인지 그리고 저작재산권과 저작인격권 가운데 어떤 권리가 침해되었는지 명확히 특정할 필요가 있다.

이렇게 침해된 저작권의 종류를 특정해서 주장하는 것은 여러 가지 면에서 의미가 있다. 먼저 손해액에 영향을 미친다. 즉, 저작권은 권리의 다발이기 때문에 각 권리 침해에 대해서 손해배상을 청구하는 것이 원칙이다. 또한 권리 침해에 따른 손해액 구분이 명확하지 않거나 손해액 산정 자체가 불분명한 때에는 침해되는 권리의 수(數)에 따라 법원의 손해액 인정액이 달라질 수도 있다.

그리고 저작재산권과 저작인격권은 명확히 다른 권리이기 때문에 저작인격권 침해가 있는 경우에는 반드시 이를 특정해서 주장할 필요가 있고, 특히 저작인격권을 구성하는 각각의 권리(공표권, 성명표시권, 동일성유지권)는 각기 다른 성격의 권리이기 때문에 그 손해액을 각각 주장할 필요가 있다. 이처럼 저작권의 종류를 특정해서 주장하다 보면, 자칫 빠뜨릴 수 있는 저작인격권 침해 주장을 놓치지 않을 수 있다는 장점도 있다.

또한 같은 맥락에서 저작권 양도 시 그 양도의 대상이 되는 것은 저작재산권에만 국한되기 때문에 저작인격권은 저작자에게 여전히 남아있게 되고, 따라서 저작권 양도 후 제3자에 의한 저작권 침해 시 그 침해된 저작권의 종류를 파악하게 되면 저작인격권 침해 여부를 확인할 수 있게 된다. 그렇게 되면 저작권 침해에 따른 손해배상청구 소송에서 저작인격권 자인 저작자를 빠뜨리지 않고 원고로 삼을 수 있게 된다.

12
저작재산권

저작재산권은 총 7가지 권리가 있다. 복제권, 공연권, 공중송신권, 전시권, 배포권, 대여권, 2차적저작물작성권이다. 일반적으로 저작권 침해 사건에서 가장 많이 문제가 되는 저작재산권은 복제권과 2차적저작물작성권이다. 저작권자 입장에서는 제3자가 자신의 저작물을 그대로 사용하고 있다면 복제권 침해를 주장하면 되겠지만, 일부 변형하여 사용하고 있을 때에는 복제권 침해를 주장해야 할지 아니면 2차적저작물작성권 침해를 주장해야 할지 애매한 경우가 꽤 많다.

누차 강조하지만 저작권을 침해당했을 때에는 되도록 침해된 저작권의 종류를 구체적으로 확인한 후 그에 따라 저작권 침해를 주장하는 것이 바람직한데, 이를 위해서는 침해된 권리가 저작재산권인지 또는 저작인격권인지 아니면 둘 다인지 여부를 확인하는 작업과 저작재산권과 저작인격권 가운데 침해된 권리가 각각 어떤 것인지를 확인하는 작업이 함께 이루어져야 한다.

어떤 저작물이든 저작권 침해가 발생하게 되면, 보통은 저작재산권 가운데 복제권 침해를 수반한다. 물론 위와 같이 원저작물을 무단으로 일부 변형한 것이 2차적저작물에 해당할 될 때에는 복제권 침해가 아닌 2차적저작물작성권 침해가 문제될 수 있고, 작품 소장자가 작품 저작권자의 동의 없이 가로·공원·건축물의 외벽 그 밖에 공중에게 개방된 장소에 항시 전시하는 경우에는 복제권의 침해 없이 전시권 침해만 문제되는 경우도 있긴 하다.

중요한 것은 일반적인 저작권 침해 사건에서는 복제권만 문제되는 경우는 드물고, 배포권 또는 공중송신권도 함께 문제되는 경우가 대부분이라는 점이다.

따라서 독자들도 앞으로 저작권 침해 사건을 접할 때는 저작권자가 침해당했다고 주장하는 권리가 어떤 것들이고, 법원은 저작권자가 주장한 권리들 가운데 어떤 권리의 침해를 인정했고 또 어떤 권리에 대해서는 그 침해를 인정하지 않았는지 좀 더 관심 있게 살펴보았으면 한다.

(1) 복제권과 2차적저작물작성권

1) 복제권과 2차적저작물작성권은 선택적으로 주장되는 경우도 있고(복제권 또는 2차적저작물작성권이 침해됐다), 순차적으로 주장되는 경우도 있다(주위적으로는 복제권이 침해되었고, 예비적으로 2차적저작물작성권이 침해되었다).

2) 먼저 복제권에 관해 살펴보면, 저작자는 그의 저작물을 복제할 권리 즉, 복제권을 가지고 있고(저작권법 제16조), 여기서 말하는 복제는 '인쇄·사진 촬영·복사·녹음·녹화 그 밖의 방법으로 일시적 또는 영구적으로 유형물에 고정하거나 다시 제작하는 것'을 말한다(저작권법 제2조 제22호). 타인의 저작물을 전부 복제하는 것은 물론이고, 일부를 복제하더라도 저작물성이 있는 부분 즉, 창작성이 있는 부분을 복제하는 경우에도 복제권 침해가 된다.

3) 다음으로 저작자는 그의 저작물을 원저작물로 하는 2차적저작물을 작성하여 이용할 권리 즉, 2차적저작물작성권을 가지고 있고(저작권법 제22조), 여기서 말하는 2차적저작물은 '원저작물을 번역·편곡·변형·각색·영상제작 그 밖의 방법으로 작성한 창작물'이다(저작권법법 제5조 제1항).

2차적저작물작성권은 복제권과 함께 저작권 침해 사건에 있어 가장 자주 등장하는 저작재산권이기 때문에, 저작권 침해가 발생하였을 경우 복제권과 더불어 가장 먼저 떠올려야 하는 권리다. 이와 같이 복제권과 2차적저작물작성권은 저작재산권의 핵심을 이루고 있다. 따라서 흔히 표절했다고 하면 거의 대부분은 2차적저작물작성권 침해 여부가 문제되는 사건이라고 생각하면 된다.

(2) 배포권과 공중송신권

저작자는 저작물의 원본이나 그 복제물을 배포할 권리를 가진다(저작권법 제20조). 여기서 말하는 배포란 '저작물 등의 원본 또는 그 복제물을 공중에게 대가를 받거나 받지 아니하고 양도 또는 대여하는 것'을 의미한다(저작권법 제2조 제23호). 다만, 저작물의 원본이나 그 복제물이 당해 저작재산권자의 허락을 받아 판매 등의 방법으로 거래에 제공된 경우에는 배포권이 제한된다(저작권법 제20조 단서). 이를 '권리소진의 원칙'이라고 하는데, 이는 적법하게 구입한 저작물을 그 저작권자의 허락 없이 특정인에게 배포하더라도 배포권 침해에 해당하지 않게 되는 것을 의미한다.

만일 판매 등의 방법으로 공중에게 배포된 출판물을 누군가 이를 다시 배포(예: 중고서적 판매)하고자 할 경우 배포권에 관한 저작재산권자의 허락을 또 다시 받아야 한다면, 이는 여간 불편한 일이 아닐 뿐만 아니라 우리의 거래 현실과도 맞지 않기 때문에 저작권법은 위와 같은 규정을 통하여 배포권을 일부 제한하고 있는 것이다.

저작자는 그의 저작물을 공중송신 할 권리를 가진다(저작권법 제18조). 여기서 말하는 '공중송신'이란 저작물, 실연·음반·방송 또는 데이터베이스를 공중이 수신하거나 접근하게 할 목적으로 무선 또는 유선통신의 방법에 의하여 송신하거나 이용에 제공하는 것을 의미한다(저작권법 제2조 제7호).

이러한 공중송신은 방송·전송 및 디지털음성송신으로 구성되어 있다. 이와 같이 공중송신은 유·무선은 물론 방송 등을 통하여 공중에 대하여 송신하는 모든 형태의 이용행위를 의미하고, 인터넷 웹 스토리지 등에 공중이 다운로드할 수 있도록 파일 형태로 된 출판물 등을 업로드 하여 '그 이용에 제공하는 경우'도 포함된다. 다만, 특정인 사이에서 타인의 저작물을 이메일로 주고받거나 전용뷰어를 통해 특정인에게 타인의 저작물을 제공하는 행위는 공중이 수신하거나 접근하게 할 목적으로 하는 것은 아니므로 이는 공중송신의 범위에 포함된다고 할 수는 없을 것이다.

이와 같이 배포권과 공중송신권은 명확히 구별되는 권리임에도 불구하고, 일반인들은 이러한 배포권과 공중송신권을 혼동하여 사용하는 경우가 종종 있다. 예를 들면, 인터넷상에 타인의 저작물을 무단으로 유포하는 것을 두고 배포권 침해라고 주장하는 경우가 있다. 그러나 이는 복제물을 유형물의 형태로 일반 공중에게 양도하거나 대여하는 것이 아니므로 배포가 아니라 공중송신의 한 형태인 전송에 해당하므로, 이러한 경우는 공중송신권 침해라고 주장하는 것이 옳다.

┃3┃
저작인격권

저작권 침해를 받은 저작자는 저작재산권뿐만 아니라 저작인격권에 기한 손해배상도 청구할 수 있다. 저작인격권은 저작자가 자신의 저작물에 대하여 가지는 인격적인 권리로서 저작권법에서는 이를 저작재산권과는 별도로 규정하고 있고, 그 종류로는 공표권, 성명표시권 및 동일성유지권이 있다. 이러한 저작인격권은 저작자에게만 인정되는 일신전속적인 권리여서 비록 저작자가 저작재산권을 양도했더라도 저작인격권은 여전히 저작자에게 귀속되는 것이므로, 저작자가 자신의 저작물에 관한 권리를 양도한 후라도 제3자에 의해 저작인격권이 침해되면, 저작자는 그 제3자에 대해 저작인격권의 침해를 주장할 수 있다.

실무에서는 대개 저작재산권 침해와 저작인격권 침해에 대한 손해배상을 함께 청구하고 있다. 법원도 저작재산권의 침해에 따른 손해배상액이 소액이라는 점을 감안하여 저작인격권의 침해를 어렵지 않게 인정하면서 저작권 침해에 따른 전체 손해배상액을 산정할 때 저작인격권 침해에 따른 손해배상액을 중요한 고려 요소로 참작하고 있다.

법인의 경우에도 법인의 기획 하에 법인의 업무에 종사하는 사람이 업무상 작성하는 업무상저작물의 저작자가 될 수 있기 때문에 법인도 저작인격권의 주체가 될 수 있다.[25] 이와 관련하여 영화 〈클래식〉 vs 드라마 〈사랑비〉 사건[26](80쪽 참고)을 살펴보겠다.

■ A회사가 저작인격권을 가질 수 있는가?(O)

 B회사 등의 주장

〈클래식〉을 창작한 것은 영화감독이므로 제작사인 A회사에게는 저작인격권이 인정될 수 없다.

 법원의 판단

특별한 사정이 없는 한 〈클래식〉을 기획·제작한 영화제작사인 A회사도 〈클래식〉의 공동저작권을 보유한다(저작인격권에 기한 침해금지청구는 공동저작자 가운데 1인도 단독으로 할 수 있음).

---

25) 서울중앙지방법원 2008. 3. 13. 선고 2007가합53681 판결
26) 서울중앙지방법원 2012. 7. 20. 선고 2012카합1315 판결

이 사건에서 법원은 법인에 해당하는 A회사의 직원 등이 영화 〈클래식〉을 기획·제작하였으므로 A회사는 업무상저작물의 저작자로서 영화 〈클래식〉의 공동저작자가 되고, 따라서 그에 관한 저작인격권을 가진다고 판단하였다.

1) 공표권

저작자는 그의 저작물을 공표하거나 공표하지 아니할 것을 결정할 권리(공표권)을 가지고 있고(저작권법 제11조 제1항), 여기서 공표라 함은 '저작물을 공연·공중송신 또는 전시 그 밖의 방법으로 공중에게 공개하는 경우와 저작물을 발행하는 경우 즉, 저작물을 공중의 수요를 충족시키기 위하여 복제·배포하는 것'을 말한다(저작권법 제2조 제25호).

저작권법에서 저작인격권의 하나로 공표권을 규정하고 있는 이유는 자신의 저작물을 세상에 알리지 않고 자신만 간직하고 싶거나 특정인에게만 공개하기를 원하는 경우, 저작자의 지극히 사적인 측면을 보호해 주기 위함이다. 그러므로 공표권은 미공표의 저작물을 공표할 것인지 여부, 공표를 한다면 언제 어떤 형태나 방법으로 할 것인지를 결정하는 권리를 의미한다.

이와 관련하여 하급심 법원에서는 "공표권은 그 성질상 미

공표된 저작물에 대하여만 인정 된다"라고 판시함으로써 공표된 저작물에 대해서는 공표권 침해가 문제되지 않는다는 취지로 판단한 바가 있다.[27]

그런데 대부분의 저작권 침해는 공표된 저작물을 무단으로 복제하는 등의 형태로 이루어지기 때문에 공표권의 침해 여부가 문제되는 경우는 거의 없다. 왜냐하면 미공표된 저작물의 저작권 침해가 문제되는 경우는 그 저작물의 공표 이전에 저작권자가 가까운 지인 등에게 보여 주고 그 지인 등이 그 저작물의 복제품 등을 무단으로 이용하는 등 극히 제한적인 경우에만 발생하기 때문이다.

2) 성명표시권

저작자는 저작물의 원본이나 그 복제물, 또는 저작물의 공표 매체에 그의 실명 또는 이명을 표시할 권리 즉, 성명표시권을 가진다(저작권법 제12조 제1항). 그러나 저작물의 성질이나 그 이용의 목적 및 형태 등에 비추어 부득이하다고 인정되는 경우에는 저작자의 성명을 표시하지 않을 수도 있다(저작권법 제12조 제2항 단서). 이와 같은 성명표시권은 자신이 창작한 저작물에 관하여 사회적인 평가를 받게 되는 저작자의 인격적인 문제와 관련된 것이기 때문에, 저작권법은 이를 저작인격권의 하나로 규정하고 있다.

---

27) 서울중앙지방법원 2006. 5. 10. 선고 2004가합67627 판결

성명표시권은 저작자명을 표시할지 여부 내지 표시를 할 경우 저작자의 실명을 표시할 것인지 예명 등을 표시할 것인지를 결정하는 권리로서, 이에 관한 모든 결정은 저작자만이 할 수 있다. 저작인격권은 저작재산권과는 달리 양도하거나 이전할 수 없기 때문에, 권한 행사를 대리하거나 위임하는 것은 가능하다 할지라도 이는 어디까지나 저작인격권의 본질을 해하지 않는 한도 내에서만 가능하다. 따라서 비록 저작자가 어떤 저작물의 저작재산권을 타인에게 양도했더라도 당해 저작물의 저작자명은 저작자의 의사에 따라 기재해야 하고, 특별한 사정이 없는 한 저작자의 성명 등을 표시해야 한다.

이와 관련하여 영화 〈6년째 연애 중〉 사건[28](105쪽 참고)에 관해 살펴보겠다.

■ A의 저작재산권 및 저작인격권 침해 여부

1) 저작재산권 침해 여부(X)

이 사건 시나리오 집필 계약에서 D필름은 2차적저작물작성권 등 위 영화로부터 발생 및 파생 가능한 직·간접적인 모든 지적재산권의 유일하고도 독점적인 영구적 권리자가 된다고 규정하고 있다. 따라서 이 사건 시나리오 집필 계약에

---

28) 대법원 2011. 8. 25. 선고 2009다73882 판결

기하여 A가 작성한 시나리오에 대한 저작재산권은 모두 D
필름에게 귀속된다. 그러므로 D필름에 의한 A의 저작재산
권 침해의 문제는 발생할 여지가 없다.

2) 저작인격권 침해 여부(O)

저작인격권인 공표권, 동일성유지권, 성명표시권은 일신전속
적인 권리여서 양도할 수 없지만, 그 권리를 포기하거나 상
대방에 대해 행사하지 않기로 약정하는 것은 가능하다.

- 공표권(X) 및 동일성유지권(X)

이 사건 시나리오 집필 계약에 의하면, D필름은 A가 집필
하여 제공한 시나리오에 대하여 완전한 수정의 권한 및 A와
의 계약기간 동안은 물론 계약기간이 종료한 후에 A 이외의
작가를 고용하여 시나리오를 수정할 권한 및 시나리오의 영
화화 결정권한을 가지며, D필름이 시나리오에 대한 모든 지
적재산권을 보유하기로 하였으므로 A는 D필름에 대하여 시
나리오의 저작자로서 가지는 공표권 및 동일성유지권을 포
기하였다고 할 것이다.

- 성명표시권(O)

이 사건 시나리오 집필 계약은 A에게 영화로 만들어지는 원
매체인 프린트에 '각본 A'라는 크레디트를 명기할 권리가
있음을 명시하고 있다. 이는 A가 최종적인 시나리오의 공
동저작자인 경우에도 마찬가지라 할 것이므로, D필름 및 그

대표이사인 C는 A의 성명표시권을 침해하였고, D필름은 이 사건 시나리오 집필 계약상의 의무를 불이행하였다.

평석

이 사건의 경우 시나리오의 저작재산권은 시나리오 집필 계약에 기하여 D필름에 귀속되도록 되어 있었기 때문에 저작재산권 침해 여부에 관한 문제는 발생할 여지가 없었다. 따라서 분쟁의 핵심은 기존에 시나리오를 집필했던 A의 이 사건 시나리오에 관한 저작인격권 가운데 성명표시권에 관한 문제로 귀결되었다. 이에 관해 대법원은 최종 시나리오는 공동저작물에 해당하고 A는 그 최종 시나리오의 공동저작자 가운데 한 명이며, D필름이 이 사건 영화의 프린트에 A를 각본 작자로 표시하지 않은 것은 A의 성명표시권을 침해하는 행위에 해당한다고 판단하였다.

3) 동일성유지권

저작자는 그의 저작물의 내용·형식 및 제목의 동일성을 유지할 권리(동일성유지권)을 가진다(저작권법 제13조 제1항). 동일성유지권은 저작자의 2차적저작물작성권과 밀접한 관련성을 가지고 있다. 원저작물의 변경 등을 통해 새롭게 창작되는 2차적저작물을 작성함에 있어서는 항상 동일성유지권 문제가 필연적으로 수반될 수밖에 없기 때문이다.

따라서 2차적저작물작성자가 저작자로부터 2차적저작물을 작성하는 것에 관한 동의를 받은 경우라면 특별한 사정이 없는 한 동일성유지권 침해의 문제는 발생하지 않겠지만, 이러한 경우라도 원저작물의 본질적인 부분까지 개변해서는 안 된다. 이에 반해 2차적저작물작성자가 저작(권)자로부터 2차적저작물 작성에 관한 동의를 받지 않은 경우라면, 저작(권)자가 가지는 저작재산권 가운데 하나인 2차적저작물작성권 침해는 물론이고 이와 더불어 저작자의 동일성유지권 또한 침해하게 된다.

저작자가 명시적 또는 묵시적으로 동의한 범위 내에서 저작물을 변경한 경우에는 동일성유지권 침해에 해당하지 않는데, 동의의 여부나 그 범위는 계약의 성질, 체결 경위와 내용, 당사자들의 지위와 상호 관계, 계약의 목적, 저작물의 이용실태, 저작물의 성격을 종합적으로 고려해서 구체적·개별적으로 판단해야 한다.[29]

이와 관련하여 방송사 등이 원래의 극본 내용과는 달리 드라마 주인공의 생사(生死)를 변경한 사건에서 법원은 이와 같은 변경은 극본 작가의 저작물의 본질을 해하는 정도의 중대한 내용 변경에 해당한다고 보아 극본 작가의 동일성유지권 침해를 인정하기도 했다.[30]

29) 대법원 2013. 4. 26. 선고 2010다79923 판결
30) 서울중앙지방법원 2015. 1. 16. 선고 2013가합 85566 판결

극적저작물 저작권
침해 판단 기준과
손해배상

극적저작물의
저작권 침해 판단 기준

복제 또는 2차적저작물의 작성에 해당하기 위해서는 기존의 저작물과 그에 의거하여 창작된 저작물이 동일성을 갖는 부분이 저작권법의 보호 대상인 문학·학술 또는 예술에 관한 사상 또는 감정을 창작적으로 표현한 것에 해당해야 한다. 그리고 창작적으로 표현되었다는 것은 엄밀한 의미에서 독창성이 발휘된 것이어야 할 필요는 없고, 필자의 개성이 표현된 것으로 충분하다. 그러나 문장 자체가 너무 짧거나, 표현상의 제약이 있어 누가 하더라도 같거나 비슷할 수밖에 없는 경우, 표현이 평범하고 흔한 것인 경우에는 창작적인 표현이라고 할 수 없다.

따라서 극적저작물에 대한 저작권 침해 소송에서 기존 저작물 전체가 아니라 일부를 복제하거나 2차적저작물을 작성했다고 다투는 경우에는 기존 저작물과 상대방의 해당 부분을 각각 개별적으로 판단해야 한다.[31]

---

31) 서울고등법원 2014. 1. 23. 선고 2013나33609 판결

즉, 극적저작물에 대한 저작권 침해판단 기준은 ① 저작권 침해 주장자의 저작물이 저작권법에 의해 보호받을만한 창작성이 있을 것, ② 상대방이 저작권 침해 주장자의 저작물에 의거하여 이를 이용하였을 것, ③ 저작권 침해 주장자의 저작물과 상대방의 저작물 사이에 실질적 유사성이 있을 것 등의 세 가지 요건이 충족되어야 한다.

1 극적저작물의 저작물성

앞서 살펴본 바와 같이, 저작물성 여부에 관한 판단은 실질적 유사성 여부를 판단할 때 그 전제가 되기 때문에 극적저작물의 경우에도 저작권 침해 여부를 판단하기 위해서는 그 저작물성 여부에 관해 먼저 살펴볼 필요가 있다. 그런데 이에 관해서는 앞에서 자세히 살펴보았으므로, 이에 대한 설명은 생략하기로 한다.

2 의거성

저작권법이 보호하는 복제권이나 2차적저작물작성권의 침해가 성립하기 위해서는 대비 대상이 되는 저작물이 침해되었다고 주장하는 기존의 저작물에 의거하여 작성되었다는 점이 인정되어야 하는데, 이러한 의거성이 인정되기 위해서는 ① 침해자가 피해자 저작물의 표현 내용을 인식하고 있어야 하고, ② 피해자 저작물을 이용하는 의사를 가지고 있어야 하며, ③ 실제로 피해자 저작물을 이용하는 행위를 해야 한다.

그러나 의거성은 직접 증거에 의해 입증되기가 곤란하다는 점 때문에, 대비 대상 저작물이 기존의 저작물에 의거하여 작성되었다는 사실이 직접증거에 의해 인정되지 않더라도 기존의 저작물에 대한 접근 가능성이 있으면 추정될 수 있고, 이러한 접근 가능성을 인정할 만한 증거도 부족한 경우에는 대비 대상 저작물이 기존의 저작물에 의거하지 않고 독자적으로 창작되었다고 생각하기 어려울 정도로 내용이나 표현상에 현저한 유사성 등의 간접사실이 인정되면 사실상 추정될 수 있다.

그리고 두 저작물 사이에 의거관계가 인정되는지 여부와 실질적 유사성이 있는지 여부는 별개의 판단으로서, 의거관계의 판단에는 실질적 유사성의 판단과 달리 저작권법에 의하여 보호받지 못하는 표현 등이 비슷한지 여부도 함께 참작될 수 있다.

따라서 극적저작물의 경우에도 기존의 극적저작물이 언제 공표되었고 그것이 얼마만큼 유통되었는지 등 그 노출의 정도를 따져 대비 대상 극적저작물이 기존의 극적저작물에 접근할 가능성이 있는지 여부를 판단하거나 기존의 극적저작물이 공표된 적이 없거나 그 노출정도가 미미한 경우에는 기존의 극적저작물의 구체적 표현이 대비 대상 극적저작물의 그것과 현저하게 비슷한지 여부를 판단하여 의거성 추정 여부를 결정한다.

이와 관련하여 만화 〈바람의 나라〉 vs 드라마 시놉시스 〈태왕사신기〉 사건[32](66쪽 참고)에 대해 살펴보겠다.

■ 드라마 시놉시스 〈태왕사신기〉가 만화 〈바람의 나라〉를 보고 그것을 이용한 것인지(O)

이 사건에서는 의거관계를 인정할 직접적인 증거는 없지만, 〈바람의 나라〉는 ① 1992년부터 《댕기》라는 잡지에 연재되기 시작하여, 1998년부터 2004년경까지 22권의 단행본으로 발간되었고, ② 2001년에는 서울예술단에서 뮤지컬로 공연되었으며, ③ 2004년 3월경에는 소설로 발간되는 등 만화 및 소설의 영역에 있어서 저명성과 광범위한 배포성을 가지고 있었다. 따라서 B로서도 이를 보거나 접할 구체적인 접근 기회를 가졌다고 봄이 상당하므로, 이로써 의거관계가 추인된다고 할 것이다.

평 석

이 사건에서 법원은 만화 〈바람의 나라〉가 〈태왕사신기〉 시놉시스보다 먼저 공표된 것은 물론이고, 광범위하게 배포되었다는 이유로 B가 만화 〈바람의 나라〉에 접근할 가능성이 충분히 있었다고 보아 이 사건의 의거관계를 인정하였다.

---

32) 서울중앙지방법원 2007. 7. 13. 선고 2006나16757 판결

뮤지컬 〈무궁화의 여왕 선덕〉 vs 드라마 〈선덕여왕〉 사건[33]

A는 2005년경 뮤지컬 제작을 위한 대본 〈The Rose of Sharon, 무궁화의 여왕 선덕〉(이하 '뮤지컬 대본'이라고 함)을 창작한 사람이고, B와 C는 문화방송이 2009. 5. 25.부터 2010. 12. 22.까지 방영한 드라마 〈선덕여왕〉(이하 '선덕여왕'이라고 함)의 대본 작가이며, D회사는 〈선덕여왕〉을 DVD와 소설로 제작하여 판매하였다. 이에 A가 B, C, 문화방송, D회사를 상대로 저작권 침해에 따른 손해배상을 청구한 사안

■ B 등이 뮤지컬 대본을 이용하여 드라마 〈선덕여왕〉을 제작·방영한 것인지 여부(의거관계 여부)

 접근 가능성에 대한 2심법원의 판단(O)

① 뮤지컬 대본이 투자회사들을 거쳐 콘텐츠진흥원에 전달되어 관계자와 전문가로부터 심사를 받은 점, ② 심사 전문가에 B와 C가 포함되었을 가능성을 배제할 수 없는 점, ③ 뮤지컬 가운데 일부가 유명 호텔에서 이미 공연되었고 그 사실이 언론에 보도된 점, ④ 〈선덕여왕〉 관계자들이 드라마

---

33) 대법원 2014. 7. 24. 선고 2013다8984863 판결

를 제작하기 전에, A가 뮤지컬 대본을 작성하고 선덕여왕에 관한 로즈오브샤론 프로젝트를 진행하고 있다는 점을 알고 있으면서 〈선덕여왕〉의 제작관련 책 발간과 관련하여 A와 접촉한 것으로 보이는 점, ⑤ 뮤지컬 대본이 출판된 적은 없으나, 뮤지컬 대본을 기초로 한 뮤지컬을 비롯하여 로즈오브샤론 프로젝트에 관한 내용이 담긴 《크레이추얼파워》라는 책이 출판되었고, 문화방송의 드라마국 직원에게도 전달된 점, ⑥ B와 C는 〈선덕여왕〉 대본의 집필 전에 선덕여왕과 관련된 이전의 저작물을 모두 검토한 것으로 보이고, 뮤지컬 대본을 본 적이 없다고 주장한 B가 뮤지컬 대본을 보지 않고는 판단하기 어려운 발언을 한 점, ⑦ 문화방송이 예정하였던 〈선덕여왕〉의 주제는 천명, 덕만, 선화 등 세 자매를 중심으로 한 이야기였는데, 문화방송 드라마국 직원이 A를 만난 이후 완성된 시놉시스가 뮤지컬 대본과 비슷하게 미실과 선덕여왕의 대결을 중심으로 한 이야기로 변경된 점 등을 고려할 때 비록 뮤지컬 대본이 출판되지 않았고 B 등에게 직접 교부되지 않았다 하더라도, B 등의 뮤지컬 대본에 대한 접근 가능성을 배제할 수 없다.

 접근 가능성에 대한 대법원의 판단(X)

뮤지컬 대본은 출판되지 않았고, 저작권 등록도 되지 않았으며, 뮤지컬 대본이 완성되기 전에 주로 갈라쇼 형식으로 일부 내용이 공연되었을 뿐 그 전체 내용이 공연된 적이 없고, 위 공연 관련 언론보도 관련 증거로부터 당시 뮤지컬 대본의 구체적인 내용을 알 수 있는 공연이 이루어졌다고 확인하기 어려우므로, 〈선덕여왕〉 극본 완성 전에 B 등이 뮤지컬 대본을 입수하거나 그 구체적인 내용을 알 수 없는 상태였던 것으로 보인다. 투자심사를 위해 A로부터 뮤지컬 대본을 제공받은 회사들의 투자 심사에 B 등이 관여하였거나 이들 회사로부터 뮤지컬 대본이 B 등에게 유출되었음을 보여주는 증거가 없고, A가 문화방송의 E에게 교부한 《크레이츄얼파워》에는 뮤지컬 대본의 내용이 기술되어 있지 않고, A가 위 E에게 뮤지컬 대본의 구체적인 내용을 구두로 설명하였음을 인정할 증거도 없다.

D회사 직원 F가 A에게 보낸 이메일은 〈선덕여왕〉을 기초로 한 부가사업을 담당하는 D회사에게 선덕여왕 관련 저술의 출판을 타진해 보는 내용에 불과하여, 이러한 이메일 발송 사실은 〈선덕여왕〉 극본 완성 전에 B 등이 뮤지컬 대본에 접근하였음을 보여주는 정황이 된다고 하기 어렵다.

B의 언론과의 인터뷰는 뮤지컬 대본이 대중에게 전혀 알려져 있지도 않은 상태에서 뮤지컬 대본과는 아무 관계없이 이루어진 것이고, 전체적인 답변 내용상 '판타지'는 '리얼리티'에 대응되는 용어로 사용되었다고 보일 뿐 뮤지컬 대본을 언급한 것이라고 단정하기도 어려우므로, 이 역시 〈선덕여왕〉 극본 완성 전에 B 등이 뮤지컬 대본에 접근하였음을 보여주는 정황이 된다고 하기 어렵다.

〈선덕여왕〉기획 초기에 예정된 주제는 〈선덕여왕〉의 작가인 B, C와 무관하게 설정되었으므로 이후 위 작가들의 창작 과정을 거쳐 작성된 시놉시스가 당초 기획안과 다른 내용으로 작성되는 일은 얼마든지 있을 수 있고, 덕만공주와 미실의 정치적 대립구도가 뮤지컬 대본과 〈선덕여왕〉이 독립적으로 작성되어 같은 결과에 이르렀을 가능성을 배제할 수 있을 정도로 현저히 유사하다고 보기도 어려우므로, 위와 같이 시놉시스가 당초 기획안과 다르게 변경된 것 또한 〈선덕여왕〉 극본 완성 전에 B 등이 뮤지컬 대본에 접근하였음을 보여주는 정황이 된다고 하기 어렵다.

 현저한 유사성에 대한 대법원의 판단(X)

– 덕만공주의 서역 사막에서의 고난

사막은 이미 극적저작물에서 주인공의 고난을 상징하는 배경으로 사용되어 왔고, 뮤지컬 대본과 〈선덕여왕〉에서 덕만공주의 서역 사막에서의 고난이 나타나는 원인과 구체적인 내용에 상당한 차이가 있다. 따라서 이 부분이 독립적으로 작성되어 같은 결과에 이르렀을 가능성을 배제할 수 있을 정도로 현저히 유사하다고 보기 어렵다.

– 금관의 꽃 또는 동로마 등 서역의 문화와 사상의 습득

뮤지컬 대본에서 금관의 꽃은 그 실체를 알 수 없는 상징적

이고 추상적인 존재이자 힘을 상징하는 어떤 것으로 나타나 있을 뿐이어서 그 자체가 서역의 문화와 사상을 상징한다고 보기는 어렵고, 뮤지컬 대본에는 〈선덕여왕〉에서 그리고 있는 첨성대 건축의 경위와 의미는 전혀 나타나 있지 않다. 따라서 서역의 문화와 사상에 관한 부분에서 서로 비슷하다고 하기는 어렵다.

– 덕만공주와 미실의 정치적 대립 구도

〈선덕여왕〉의 미실은 필사본 화랑세기에 의거하여 작가적 상상력에 의해 덕만공주의 대적자로 재설정된 현실 정치가로 보일 뿐, 마계에 사로잡혀 인간계를 짓밟는 뮤지컬 대본의 미실과는 그 성격이 다른 캐릭터라 할 것이어서, 덕만공주와 미실의 정치적 대립구도가 독립적으로 작성되어 같은 결과에 이르렀을 가능성을 배제할 수 있을 정도로 현저히 유사하다고 보기 어렵다.

– 덕만공주와 김유신의 애정관계

역사적으로 애정관계가 있었다고 유추하기 어려운 인물이라도 그들이 극 가운데 주요한 남성과 여성으로 나오는 이상 이들 사이에 애정관계를 설정하는 것 자체는 극적저작물에서 일반적으로 이루어질 수 있는 수준의 창작이라고 볼 수 있고, 뮤지컬 대본과 〈선덕여왕〉에서 덕만공주와 김유신의 애정관계의 양상과 전개 과정은 상당히 다르므로, 독립적으로 작성되어 같은 결과에 이르렀을 가능성을 배제할 수 있을 정도로 현저히 유사하다고 보기 어렵다.

– 미실 세력으로 인한 진평왕의 무력함

선덕여왕을 주인공으로 하는 극적저작물에서 선왕이 강력한 왕권에 의하여 선덕여왕을 보위에 올렸다고 묘사하는 것보다는 선왕의 미약한 왕권과 강력한 귀족세력의 반대라는 어려움을 선덕여왕 스스로가 극복하고 여왕의 자리를 쟁취하였다는 내용으로 구성하는 것이 자연스럽고 흥미를 유발할 수 있으므로, 역사적 사실과 무관하게 선덕여왕의 선왕인 진평왕을 강력한 귀족세력으로 인해 무력한 군주로 묘사하는 것 자체는 극적저작물에서 일반적으로 이루어질 수 있는 수준의 창작이라고 볼 수 있다.

또, 진평왕이 미실에 의해 왕위에 오르게 되는 사건은 이미 필사본 화랑세기에 나타나 있는 것인 이상, 이를 받아들여 극적저작물을 작성할 경우 진평왕 즉위 후 미실 세력에 의해 왕권을 제약받는 것으로 묘사하는 정도는 다른 저작물에 의거하지 아니하더라도 충분히 가능한 수준의 창작이고, 뮤지컬 대본과 〈선덕여왕〉에서 미실 세력이 진평왕을 무력하게 만드는 원천 자체가 다르기 때문에 독립적으로 작성되어 같은 결과에 이르렀을 가능성을 배제할 수 있을 정도로 현저히 유사하다고 보기 어렵다.

– 주제, 인물들의 성격·역할·관계, 줄거리, 구성

덕만공주의 서역 사막에서의 고난, 금관의 꽃 또는 동로마 등 서역의 문화와 사상의 습득, 덕만공주와 미실의 정치적 대립구도, 덕만공주와 김유신의 애정관계, 미실 세력으로 인한 진평왕의 무력함은 모두 뮤지컬 대본과 〈선덕여왕〉의 주제, 인물의 성격과 역할, 인물 사이의 관계, 줄거리, 구성에 큰 영향을 미치는 개별 요소들이다. 그런데 이러한 개별 요소들이 뮤지컬 대본만의 독특한 특징이라거나 뮤지컬 대본과 〈선덕여왕〉이 독립적으로 작성되어 같은 결과에 이르렀을 가능성을 배제할 수 있을 정도로 현저히 비슷하다고 보기 어려운 이상, 주제, 인물의 성격과 역할, 인물 사이의 관계, 줄거리, 구성 역시 두 작품 사이의 현저한 유사성을 인정할 수 있는 근거가 되기는 어렵다.

평석

이 사건에서 2심 법원은 B 등이 뮤지컬 대본에 접근할 가능성을 배제할 수 없다고 판단하여 의거성을 인정한 반면, 대법원은 접근 가능성도 없고, 두 작품이 독립적으로 작성되어 같은 결과에 이르렀을 가능성을 배제할 수 있을 정도로 현저히 비슷하지도 않다고 판단하여 의거성을 부인했다.

저작권이 침해되기 위해서는 크게 의거성과 실질적 유사성 모두가 인정되어야 한다. 그리고 먼저 의거성 여부를 판단한 후 의거성이 인정되는 것을 전제로 실질적 유사성 여부를 판단하기 때문에, 상대방의 저작물이 저작권 침해 주장자의 저작물에 의거하여 작성된 것이 아니라면 실질적 유사성 여부를 판단할 필요도 없이 상대방의 저작물은 저작권 침해 주장자의 저작권을 침해하지 않게 된다.

따라서 대법원도 이러한 논리에 따라, 저작권 침해의 두 요소 가운데 하나인 의거성이 인정되지 않는다고 판단하여 나머지 요소인 실질적 유사성 여부에 관해서는 별도의 판단 없이, 〈선덕여왕〉이 뮤지컬 대본의 저작권을 침해하지 않는다고 판단한 것이다.

3 실질적 유사성

극적저작물의 실질적 유사성 판단과 관련된 논점들은 여러 가지가 있다. 거의 모든 저작권 침해 사건에서는 실질적 유사성에 관한 판단이 이루어지고 있는데, 극적저작물의 실질적 유사성 여부를 판단함에 있어서는 먼저 저작권 침해 주장자의 침해 부분과 상대방의 해당 부분 가운데 창작적인 표현만을 가지고 대비해야 한다(소설 등에서 추상적인 인물의 유형 혹은 어떤 주제를 다룰 때 전형적으로 수반되는 사건이나 배경 등은 아이디어의 영역에 속하는 것들로서 저작권에 의한 보호를 받을 수 없다).

극적저작물의 경우에는 부분적·문자적 유사성(fragmented literal similarity)은 물론, 포괄적·비문자적 유사성(comprehensive nonliteral

similarity)도 실질적 유사성의 인정 근거가 될 수 있다. 포괄적·
비문자적 유사성 여부는 상대방의 저작물이 저작권 침해
주장자의 저작물의 '근본적인 본질 또는 구조'를 복제함으
로써 양 저작물이 전체적으로 포괄적인 유사성을 가지는지
여부에 따라 판단하는 것이다. 여기서 말하는 '근본적인 본
질 또는 구조'란 드라마나 영화와 같은 극적저작물 등에 있
어서는 ① 전체적 줄거리, ② 등장인물의 구체적 성격 및 역
할, ③ 등장인물 사이의 관계, ④ 구체적 줄거리와 사건 전
개 과정 등을 의미한다.

1) 실질적 유사성 판단 시 창작적 표현만을 가지고 대비

저작권 침해가 인정되기 위해서는 객관적 요건으로 두 저작
물 사이에 실질적 유사성이 인정되어야 한다. 그런데 저작권
보호 대상은 사람의 정신적 노력에 의하여 얻어진 사상 또
는 감정을 말, 문자, 음, 색 등에 의하여 구체적으로 외부에
표현한 창작적인 표현 형식이고, 아이디어나 이론 등의 사상
및 감정 그 자체는 원칙적으로 저작권 보호 대상이 되지 않
는 것이므로, 저작권의 침해 여부를 가리기 위하여 두 저작
물 사이에 실질적인 유사성이 있는가의 여부를 판단함에 있
어서도 창작적인 표현 형식에 해당하는 것만을 가지고 대비
해야 한다.

따라서 극적저작물의 경우에도 그 실질적 유사성 여부를 판
단하기에 앞서, 저작권 침해 주장자의 침해 부분이 소재 또

는 주제 등 아이디어에 해당하는 것은 아닌지, 어떤 소재 등을 다루는데 있어서 전형적으로 수반되는 사건이나 배경 등은 아닌지, 종래부터 존재한 표현이거나 통상적인 표현 등은 아닌지 여부를 먼저 판단해야 한다.

2) 극적저작물의 실질적 유사성 판단 시 두 가지 기준

극적저작물의 실질적 유사성에는 부분적·문언적 유사성(작품속의 특정한 행이나 절 또는 기타 세부적인 부분이 복제됨으로써 양 저작물 사이에 문장 대 문장으로 대칭되는 유사성이 인정되는 경우)과 포괄적·비문언적 유사성(양 저작물 사이에 비록 문장 대 문장으로 대응되는 유사성은 없어도 작품속의 근본적인 본질 또는 구조를 복제함으로써 전체적으로 포괄적인 유사성이 인정되는 경우)이 있다. 이 가운데 어느 하나만 공통되더라도 양 저작물은 실질적으로 비슷하다고 할 수 있다.

3) 포괄적·비문자적 유사성 판단 시 고려 사항

소설이나 극본 또는 시나리오 등과 같은 극적저작물은 등장인물과 작품의 전개 과정의 결합에 의하여 이루어지고, 작품의 전개 과정은 아이디어, 주제, 구성, 사건, 대화와 어투 등으로 이루어지는데, 이러한 각 구성요소 가운데 각 저작물에 특이한 사건이나 대화 또는 어투는 그 저작권 침해 여부를 판단함에 있어서 중요한 요소가 된다.

극적저작물의 경우는 각 인물들이 설정된 배경 하에서 만들어 내는 구체적인 사건들의 연속으로 이루어지고, 그 사건들은 일정한 패턴의 전개 과정을 통해서 구체적인 줄거리로 파악되어 인물들의 갈등과 그 해결 과정을 내용으로 하고 있으며, 인물들의 갈등과 해결 과정은 인물들 성격의 상호관계와 그 대응구도에 의하여 그려지는 것이다. 아이디어의 차원을 넘어 표현에 해당하는 이러한 부분들이 같거나 비슷하다면, 그것이 아이디어 부분이라고 할 수 있는 주제 등을 다루는 데 있어 전형적으로 수반되는 사건이나 배경(필수 장면)에 해당하는 것이 아닌 한, 포괄적·비문자적 유사성은 인정되어야 할 것이고, 그 전개 과정이나 갈등의 해결 과정에서의 구체적인 에피소드까지 같을 경우 그 유사성을 인정하는데 더욱 용이하다.

a) 구체적인 줄거리와 사건의 전개 과정의 실질적 유사성

사건의 전개 과정은 유사성 판단에 있어서 중요한 비중을 차지하는 요소로서 그것이 비슷하다고 하기 위해서는, 이야기 속에 등장하는 사건들의 내용이 비슷해야 하고, 그 사건들이 비슷한 방법으로 배열·조합되어야 한다.

일반적으로 동일한 역사적 사실과 배경을 다루는 극적저작물의 경우에는 이미 확정된 역사적 사실을 그 소재로 하기 때문에 그 사건 전개 과정은 비슷해질 수밖에 없으므로 실질적 유사성을 판단함에 있어 이러한 특성을 충분히 고려하지만, 역사적 사실에 기반을 두고 있다 하더라도 구체적인

인물과의 관계나 사건의 전개가 역사적 사실과 전혀 다른 창작적인 요소가 가미된 저작물의 경우에는 창작적인 요소의 유사성이 중요하게 고려된다.

역사물에서 흔히 사용되는 소재를 사용한 저작물이라 하더라도 소재의 선택과 구성의 조합에 독창성이 있는 경우가 있고, 특히 역사물에 있어서 역사적 사실로부터 추론할 수 없는 인물이나 사건(역사적 오류)을 창안한 후 이를 역사적 사실에 가미하는 경우에는, 개개의 소재가 표준적 삽화나 통속적·전형적 장치로 평가할 수 있는 경우에도 전체 저작물의 창작성을 쉽게 부인해서는 안 되며, 소재의 조합과 구성 및 줄거리의 전개를 전체적으로 살펴 다른 일반적인 저작물과 구분되는 독특한 개성을 가진다고 인정되는 경우에는 창작성을 인정해야 할 것이다.

즉, 극적저작물에 있어서 주제, 인물, 구성 및 사건의 전개가 조화를 이루는 구체적인 설정은, 비록 위 구성요소 하나하나는 독립하여 저작권법상 보호를 받을 수 없다 하더라도, 전체적으로는 하나의 저작물을 다른 저작물과 구별할 수 있는 근간이므로 저작권법의 보호 대상인 표현으로 보아야 한다.

b) 등장인물의 구체적 성격과 역할의 실질적 유사성

소설 등 문학작품에 있어서의 등장인물은 원칙적으로 그 자체로는 저작권에 의하여 보호되는 표현에 해당한다고 볼 수 없지만, 구체적이고 독창적이며 복잡한 내면을 가진 등장인물이나 다른 등장인물과의 관계를 통해 사건의 전개 과정과 밀접한 관련을 가지면서 저작물에서 양적, 질적으로 차지하는 비중이 높아 그 저작물의 중핵에 해당하는 경우에는 저작권에 의해 보호되는 표현에 해당할 수 있다.

한편, 소설이나 희곡의 주인공과 같은 어문적 캐릭터는, ① 이름, ② 시각적 요소(외모·복장 등 이야기 속에 서술된 캐릭터의 신체적 또는 시각적 특징), ③ 청각적 요소(캐릭터의 목소리, 말투, 자주 사용하는 단어나 어법 등), ④ 성격적 요소(캐릭터의 성격적 특성, 습관, 행동양식 또는 초능력과 같은 특별한 능력 등)라는 4가지 요소로 구성된다. 이 가운데 어느 캐릭터의 어떤 구성요소 또는 그 구성요소의 일부가 비슷한 점이 있다고 하더라도 비슷하지 않은 다른 점이 있으면 그러한 점까지 모두 포함하여 유사성 여부를 판단해야 한다.

4) 장르가 다른 극적저작물 간의 비교 시 감안할 사항

장르가 다른 저작물 간의 실질적 유사성을 판단할 때에는 그들 사이에 내재하는 예술의 존재양식 및 표현기법의 차이를 감안해야 한다. 양 극적저작물이 실질적으로는 비슷한데도, 장르 차이로 인해 직감적으로 서로 다르게 느껴지는 탓에 양 저작물 간의 유사성 인정되지 않는 오판을 방지하기 위함이다.

예컨대, 소설과 같은 어문저작물의 경우 등장인물과 작품의 아이디어, 주제, 구성, 사건 및 대화와 어투 등이 결합되어 주로 문자를 매개체로 하여 구체적으로 표현되는 반면, 영화와 같은 영상저작물은 이러한 요소들이 결합하여 연속적인 영상을 매개체로 하여 그 영상을 기계 또는 전자장치에 의하여 재생하여 볼 수 있거나 보고 들을 수 있도록 주로 시각적·청각적인 형태로 표현되는 등 표현기법의 차이가 있으므로 이러한 점을 감안하여 실질적 유사 여부를 판단할 필요가 있다는 것이다.

5) 영상저작물 간의 실질적 유사성 판단 시 고려 사항

영상저작물은 '연속적인 영상(음의 수반 여부는 상관없이)이 수록된 창작물로서 그 영상을 기계 또는 전자장치에 의하여 재생하여 볼 수 있거나 보고 들을 수 있는 것'으로 주로 시각적·청각적인 형태로 표현되며, 어문저작물, 음악저작물, 미술저작물 및 사진저작물의 요소를 일부 또는 전부 가지고 있으므로, 실질적 유사성 판단에 있어 영상저작물의 창작적 요소에 따라 어문저작물, 음악저작물, 미술저작물 및 사진저작물 각각의 실질적 유사성 판단 기준 및 영상저작물 자체의 특성을 종합적으로 고려하여 실질적 유사성 여부를 판단해야 한다.[34]

---

34) 서울중앙법원 2013. 8. 16. 선고 2012가합80298 판결

⌂2⌂
극적저작물의
저작권 침해에 따른 손해배상

1 저작재산권 침해에 따른 손해액의 산정

실무에서 저작권 침해 사건들을 상담하거나 처리하다 보면, 비록 저작권 침해에 해당하더라도 그에 따른 손해액을 산정하기 곤란한 경우가 많다. 이에 저작권법에서는 이러한 저작권자 등의 손해액 입증의 곤란함을 덜어주기 위해 저작재산권에 관한 별도의 손해액에 관한 추정규정(저작권법 제125조 제1항: 권리를 침해한 자가 그 침해행위에 의하여 이익을 받은 때에는 그 이익액을 저작재산권자 등이 받은 손해액으로 추정한다는 규정) 등을 두고 있다.

① 저작권 침해로 인해 침해자가 얻은 이익을 저작권자의 손해액으로 추정해서 그 금액을 청구할 수 있다(저작권법 제125조 제1항).

원칙적으로 저작권자가 저작권 침해로 인해 입은 소극적 손해 즉, 침해행위가 없었더라면 얻을 수 있었을 이익의 상실액(시장이익의 감소분)에 대한 배상을 구하기 위해서는 저작권 침해 결과 직접적으로 저작권자가 상실한 판매이익을 입증해야 하지만, 현실적으로 어렵기 때문에 그 입증을 용이하게 하기 위하여 침해자의 이익을 권리자의 손해액으로 추정하는 규정을 둔 것이다. 그러나 어떤 경우에나 적용되는 무조건적 추정이라 할 수는 없고, 침해자의 판매 증대가 권리자의 판매 감소로 이어지는 시장 침해적 관계가 형성되어 있거나 형성될 여지가 있을 것을 전제로 하는 것이어서, 만일 침해자가 저작권자와 침해자 이외에 경쟁관계에 있는 제3자가 있다는 사실, 침해자의 이익액이 피해자의 주장과 다르다는 사실, 침해자가 자신이 얻은 이익액이 권리 침해로 인하여 발생한 실제 손해액보다 많다는 사실 등의 입증에 성공하면 위 추정은 번복될 수 있다.

② 침해자의 이익을 산정하기 곤란한 경우에는 저작권자가 통상 자신의 저작물을 제3자에게 이용하도록 하는 등의 경우에 받을 수 있는 금액을 손해액으로 간주하여 그 금액을 청구할 수 있다(저작권법 제125조 제2항).

그러나 실무적으로는 침해자의 저작권 침해 수량, 침해 횟수, 이를 통한 이익 산정에 있어서 저작권 침해 관련 부분의 불가결성, 중요성, 가격 비율, 양적 비율 등을 참작하여 정량적인 수치를 도출해내는 것은 매우 어려운 일이고, 그마저도 관련 증거들이 모두 침해자의 지배영역 내에 존재하기 때문에 저작권자로서는 그러한 자료를 온전히 확보할 수도 없다. 때문에 위 저작권법 제125조 제1항에 따른 이익을 산출해내기가 어려워 이를 저작권자의 손해로 추정하기가 곤란하고, 또한 일반적으로는 위 저작권법 제125조 제2항에 따른 통상 수익액으로 볼 만한 객관적인 자료가 없는 경우가 대부분이기 때문에 저작권자의 손해로 간주할 만한 근거자료를 찾기도 상당히 어렵다.

그래서 법원에서는 통상 저작권법 제126조에 따라 위와 같은 객관적 손해액 산정의 어려움을 이유로 여러 사정 등을 참작하여 상당한 손해액을 재량에 따라 인정하고 있다. 이와 같이 법원에 의해 인정되는 손해액은 객관적인 자료가 아닌 법원의 재량에 의해 인정되는 금액이다 보니 그 손해액이 소액에 머무는 경우가 대부분이다. 이러한 이유로 저작권자 입장에서는 과다한 시간과 비용이 소요되고 엄격한 입증 책임을 요구하는 민사소송을 제기하기 보다는 절차적인 측면이나 합의 가능성 등 여러 가지 면에서 용이하게 진행될 수 있는 형사 고소를 택하는 경우가 일반적이다.

이에 저작권법에서는 저작권 침해 문제를 형사적으로 해결하는 방법을 지양하고, 보다 실효성 있는 민사적 해결방안으로 '법정손해배상의 청구' 라는 규정을 신설하였다(저작권법 제125조의2).

법정손해배상의 청구란 손해액 산정과 관련된 엄격한 입증 책임으로 인해 권리자가 저작권 침해에 따른 실손해액을 정확히 산정하기가 어렵고 이를 입증하기 위한 증거 등을 제대로 확보할 수가 없다는 현실적인 한계를 극복하기 위해 권리자가 구체적인 손해액을 입증함이 없이도 법에서 미리 정한 일정한 금액의 범위 내에서 손해액을 청구할 수 있도록 하는 제도이다. 그 구체적 내용은 저작재산권자 등이 실손해액 등에 갈음하여 저작물당 1천만 원(영리를 목적으로 고의로 침해한 경우에는 5천만 원) 이하의 범위에서 상당한 금액의 배상을 청구할 수 있도록 하고 있고(저작권법 제125조의2 제1항), 다만, 이러한 법정손해액을 청구하기 위해서는 침해 행위가 일어나기 전에 저작물 등이 등록되어 있을 것을 요건으로 하고 있다(저작권법 제125조의2 제3항).

그러나 우리 저작권법상의 법정손해배상 청구는 아직 시행된 지가 얼마 되지 않아 현재로서는 판례가 충분히 축척되지 않은 상태이기 때문에, 실무적으로 그것이 어떻게 적용되고 얼마나 활용될 수 있을지는 앞으로 법원의 판례를 기다려 볼 필요가 있을 것이다.

극적저작물의 경우는 실제 사례에서 저작권 침해가 인정된 경우가 거의 없어서 손해액 산정에 관한 실례를 찾기가 어렵지만, 두 가지 사례를 통해 극적저작물 간 저작권 침해 시 손해액 산정방식 등에 관해 간략하게 알아보겠다.

드라마 〈사랑이 뭐길래〉 vs 드라마 〈여우와 솜사탕〉 사건[35]

문화방송이 제작·방영한 드라마 〈사랑이 뭐길래〉의 대본을 집필한 A는 TV 장편드라마 〈청춘의 덫〉〈사랑과 진실〉〈사랑과 야망〉〈불꽃〉〈배반의 장미〉 등을 집필한 인기 드라마 작가이고, B는 문화방송이 제작·방영한 드라마 〈여우와 솜사탕〉(52회 분량의 드라마)을 기획·연출한 문화방송 드라마 연출 담당직원이며, C는 〈여우와 솜사탕〉의 대본을 집필한 작가이다.

〈사랑이 뭐길래〉는 남자주인공(대발)과 여자주인공(지은)의 사랑과 결혼을 둘러싼 두 집안의 이야기가 주된 줄거리이고, 주변 인물들의 사랑 이야기 등이 부수적으로 전개된다. 주요 등장인물로는 남녀 주인공 외에 대발의 아버지 이사장, 어머니 순자, 여동생 성실과, 지은의 아버지 박이사, 어머니 심애, 여동생 정은, 남동생 정섭, 할머니, 2명의 이모할머니가 있다.

〈여우와 솜사탕〉 대본과 드라마는 남자주인공(강철)과 여자주인공(선녀)의 사랑과 결혼을 둘러싼 두 집안의 이야기가 주된 줄거리이고, 주변 인물들의 사랑 이야기도 비중 있게 전개된다. 주요 등장인물로는 남녀 주인공 외에 강철의 아버지 진석, 어머니 말숙, 형 두철, 여동생 인화와, 지은의 아버지 국민, 어머니 구자, 선녀의 언니 선혜, 선녀의 이모 구애가 있다.

이에 A는 〈여우와 솜사탕〉은 자신이 집필한 〈사랑이 뭐길래〉를 표절하여 저작권을 침해했다는 이유로 저작권 침해에 따른 손해배상과 정신적 피해에 따른 손해배상을 청구했다.

■ 〈여우와 솜사탕〉의 대본이 〈사랑이 뭐길래〉에 관한 A의 저작권을 침해하는 여부(O)

〈여우와 솜사탕〉 대본 및 드라마는 적어도 1회부터 38회까지 그 주된 흐름인 남·녀 주인공과 그 가족 간의 이야기 부분이 〈사랑이 뭐길래〉 대본의 해당 부분과 포괄적·비문자적 유사성 및 부분적·문자적 유사성이 인정되므로 그 범위 내에서는 〈여우와 솜사탕〉 대본 및 드라마는 〈사랑이 뭐길래〉에 관한 A의 저작권을 침해한 것으로 판단된다. 다만, 〈여우와 솜사탕〉 대본 및 드라마의 39회부터 52회까지는 A의 저작권을 침해하지 않았다.

■ 손해액 산정

1) 재산적 손해액

① 문화방송과 B, C가 얻은 이익을 통한 손해액 산정

 A의 주장

저작권법 제93조 제1항에 따라 문화방송과 B, C가 얻은 이익이 A의 재산상 손해로 추정된다. 문화방송은 드라마를 제작·방영하면서 광고수익을 얻었고, B, C도 역시 이익을 얻

---

35) 서울고등법원 2005. 9. 13. 선고 2004나27480 판결

었으므로, 문화방송은 1,306,666,666원, B, C는 각 6억 원
을 배상할 책임이 있다.

 법원의 판단

– 문화방송이 〈여우와 솜사탕〉 방영으로 얻은 이익으로 A의 손해액
  을 산정하는 것이 타당한지 여부(X)

〈사랑이 뭐길래〉 대본은 원래 방송용 대본으로서 이를 기
초로 A가 직접 방송드라마를 제작하지 않는 이상, 방송사가
A의 허락 없이 그 대본을 기초로 방송드라마를 제작하였다
하더라도 A가 입은 재산상 손해는 그러한 침해행위가 없이
저작물 사용계약이 체결되었을 경우 A가 수령할 수 있는 집
필료 상당액으로 고정되어 있는 것이다.

방송 드라마의 경우 방송사가 광고수익을 올리기까지는 막
대한 고정비용을 지출해야 하는 점에 비추어 볼 때, 일반적
으로 드라마 방송으로 인한 거의 유일한 수입원인 광고수익
은 A가 입게 되는 집필료 상당의 손해액을 훨씬 초과하므
로, 문화방송이 얻은 광고수익에서 드라마 제작에 필요한
비용을 공제한 이익이 곧바로 A의 손해로 된다는 추정은 성
립되기 어렵기 때문에 문화방송이 〈여우와 솜사탕〉 드라마
의 방송과 관련하여 얻은 광고수익을 기준으로 A의 손해액
을 산정하는 것은 타당하지 않다.

– C가 저작권 침해행위로 인해 얻은 이익으로 A의 손해액을 산정하
 는 것이 타당한지 여부(X)

C가 문화방송과 연속극 50~60분물 기준 150회 집필 조건
으로 집필전속계약을 체결하고 지급받은 금액과 〈여우와 솜
사탕〉 대본의 원고료로 지급받은 금액을 기준으로 했을 때,
C의 위 저작권 침해 부분에 해당하는 이익액은 A가 저작권
법 제125조 제2항에 따라 '통상 받을 수 있는 금액에 상당
하는 금원'보다 적기 때문에 결국 손해액의 액수가 더 많은
아래 저작권법 제125조 제2항의 손해계산 방식에 따르는 것
이 타당하다.

② A가 그 권리의 행사로 통상 받을 수 있는 금액을 통한 손해액 산정

A는 저작권법 제125조 제2항에 따라 그 권리의 행사로 통
상 받을 수 있는 금액에 상당하는 금액을 그 손해배상으로
청구할 수 있다. A가 '그 권리의 행사로 통상 얻을 수 있는
금액에 상당한 금액'이란 문화방송 등이 〈사랑이 뭐길래〉
대본의 사용 허락을 받았더라면 사용 대가로 지급하였을 객
관적인 금액을 말한다. 〈여우와 솜사탕〉 대본이나 드라마의
경우 A의 작품을 그대로 복제한 것이 아니라 원작을 기초로
새롭게 각색한 소위 리메이크 작품으로 볼 수 있으므로, 이
사건에서는 A가 다른 작가로 하여금 A 작품을 리메이크하
도록 승낙하였을 때 그 대가로 받을 수 있는 금액을 산출해
야 한다.

통상 드라마 극본 리메이크 계약에서 원작사용료를 별도로 산정하지는 않고 다만 작가에 따라 원작사용료라는 명목으로 원고료 이외의 금액을 일부 지급하므로, 리메이크 작품도 원작자가 직접 집필할 경우에는 그 집필자에게 지급되는 금액이 오리지널 작품 집필료와 거의 동일하다. 그리고 A의 경우 2001년을 전후하여 〈여우와 솜사탕〉 드라마와 같은 60분물 주말드라마를 집필할 경우 극본료로 회당 OO원 정도를 받았다. 그런데 이 금액은 A가 직접 리메이크 작품이나 오리지널 작품을 집필했을 경우의 금액이므로, 작품이 완성되기까지 상당한 시간과 노력이 필요하다는 점 등을 종합하면, 이 사건에서 C가 A의 원작을 리메이크할 경우 A에게 지급되었어야 할 원작 사용료는 A가 직접 작품을 집필할 경우 받을 수 있는 금액의 3분의 1 정도로 평가함이 상당하다.

따라서 A가 문화방송 등의 위 저작권 침해로 입은 재산적 손해는 〈여우와 솜사탕〉 및 드라마의 1회부터 38회까지에 해당하는 OO원(=회당 집필료× 1/3 × 38회)이 된다.

2) 정신적 손해액

문화방송 등의 저작권 침해행위로 인하여 A가 정신적인 충격을 받았음은 경험칙상 인정된다. 그리고 A의 항의에도 불구하고 문화방송 등은 〈여우와 솜사탕〉 드라마를 계속 추진하였고, A가 후배들의 새로운 창작과 시도를 억누르고 부당하게 방해하거나 중단시키려 한다고 폄하하는 내용의 글과

A가 돈을 노리고 소송을 제기한 것이라는 등의 글들이 인터넷 게시판에 오르기도 하였으며, 이러한 과정에서 A가 받았을 정신적 고통도 충분히 짐작할 수 있다. A의 국내에서의 작가로서의 명성, 문화방송 등의 침해의 정도, 재산적 손해의 회복 정도 등을 종합하면 그 위자료는 금 OO원으로 정함이 상당하다.

평 석

이 사건은 극적저작물 간의 저작권 침해를 인정한 보기 드문 사건이다. 이 사건에서는 저작권 침해에 따른 손해액을 A가 〈사랑이 뭐길래〉의 극본에 대해 가지는 권리를 행사할 때 통상 받을 수 있는 금액인 집필료 상당액이라고 판단하였다. 그리고 A가 통상 받는 회당 집필료를 산정하여 거기에다 〈여우와 솜사탕〉 극본 및 드라마의 총 52회 가운데 〈사랑이 뭐길래〉 극본에 대한 A의 저작권을 침해한 1회부터 38회까지 총 38회를 곱한 후, 이렇게 산정된 금액에 A가 〈사랑이 뭐길래〉 극본의 리메이크에 해당하는 〈여우와 솜사탕〉 극본을 직접 집필하지 않은 점을 감안하여 그 금액의 1/3을 재산상 손해로 산정하였다. 그리고 이에 더하여 이 사건 저작권 침해 등으로 인해 A가 입은 정신적 피해에 대해서도 그 손해배상을 인정하였다.

뮤지컬 〈무궁화의 여왕 선덕〉 vs 드라마 〈선덕여왕〉 사건(160쪽 참고)에 대해서는 2심 법원에서 손해액을 산정한 부분만 살펴보겠다. 이 사례가 대법원에서는 저작권 침해가 아닌 것으로 결론 났기 때문에 아래 내용은 법원의 최종 판단이 아니라는 점에 대해서는 오해 없기 바란다.

■ 손해액의 산정

1) 재산상 손해

① 법원이 변론의 취지 등을 참작하여 손해액을 인정하는 방식

원칙적으로 저작권자가 침해행위가 없었더라면 얻을 수 있었을 이익의 상실액(시장이익의 감소분)에 대한 배상을 구하기 위해서는 저작권침해 결과 직접적으로 저작권자가 상실한 판매이익 금액을 입증해야 한다. 그러나 A는 전속작가가 아니라 뮤지컬 대본을 집필한 것을 계기로 뮤지컬 공연, 출판, 전시, 애니메이션, 영화, 드라마, 패션 등 선덕여왕과 관련한 다양한 콘텐츠를 포함하는 OO프로젝트를 진행하고 있었으므로 A의 저작권 침해로 인한 손해를 단순히 작가의 대본료를 기준으로 산정하는 것은 적절하지 않다.

B와 C는 〈선덕여왕〉 대본의 작성으로 문화방송으로부터 극본료 상당의 수익을 얻었고, 문화방송은 〈선덕여왕〉을 제작·방영하는 과정에서의 광고수익, 〈선덕여왕〉의 수출과 방송 허락 등으로 인한 수익을 얻었으며, D회사는 〈선덕여왕〉

의 DVD 제품과 관련 소설을 제작·판매함으로 인한 수익을 얻었다.

B 등의 수익원이 모두 다르고 그 정확한 수익액을 알 수 있는 자료가 부족한 점 등 이 사건 저작권 침해로 말미암아 A가 입은 손해나, B 등이 얻은 수익 또는 A가 통상 받을 수 있는 금액을 정확하게 산정하기 곤란한 사정이 있으므로 저작권법 제126조에 의하여 A의 손해액을 산정한다.

② 손해액 산정에 참작할 사정들

A가 OO프로젝트를 진행하면서 지출한 비용, B, C가 문화방송으로부터 받은 극본료와 특별 원고료, 문화방송이 〈선덕여왕〉 방영 기간 동안 얻은 프로그램광고료 수익과 토막광고료 수익, 문화방송이 〈선덕여왕〉을 대만, 베트남, 브루나이, 일본 등의 국가에 판매함으로써 얻었던 매출액, 문화방송과 D회사가 소설 선덕여왕의 판매를 통해 얻은 수익과 DVD 제품 판매를 통해 얻은 수익

2) 정신적 손해액

〈선덕여왕〉의 방송이 시작되자 A가 OO프로젝트의 일환으로 추진 중이던 뮤지컬과 소설은 〈선덕여왕〉을 모방한 것으로 인식되어 관련 계약이 취소되는 등, 사업을 계속 진행할 수 없게 되었고, A는 〈선덕여왕〉의 방송이 계속되는 동안 문

화방송에 〈선덕여왕〉의 저작권 침해에 대하여 항의하였으나 문화방송은 A의 주장을 근거 없는 허위로 치부하면서 〈선덕여왕〉의 방송을 계속하였다. 따라서 이러한 과정에서 A가 받았을 정신적 고통을 인정할 수 있다.

평 석

이 사건은 대법원에서 드라마 〈선덕여왕〉이 뮤지컬 〈무궁화의 여왕 선덕〉에 의거해서 만들어진 것이 아니라는 이유로 저작권 침해에 해당하지 않는다고 판단했다. 따라서 이 사건과 관련해서는 저작권 침해에 따른 손해액 산정이 무의미하지만, 2심 법원에서는 이 사건의 저작권 침해를 인정하면서 그에 따른 손해액을 산정한 바가 있기 때문에, 극적저작물 간 저작권 침해에 따른 손해액 산정에 관한 사례가 드문 상황에서 이에 관해 살펴보기 위해 이 사건의 2심 법원 판결을 소개한 것이다.

2심 법원에서는 저작권 침해를 인정한 후, 이에 따른 재산상 손해를 산정함에 있어서는 여러 사정들을 참작하여 저작권법 제126조에 따라 상당한 손해액을 인정하였다. 그리고 이에 더하여 이 사건으로 인해 A가 입은 정신적 손해에 대해서도 그 손해배상을 인정하였다.

저작인격권은 공표권, 성명표시권 및 동일성유지권으로 구
성된 권리이고 그것들은 각각 별개의 권리이기 때문에 그 각
각의 침해에 대해 손해배상을 청구할 수 있다. 〈세계대역학
전집〉 사건에서 법원은 성명표시권 침해에 따른 손해와 동
일성유지권 침해에 따른 손해액을 구분하여 각각 그 손해액
을 인정한 바가 있다.[36] 그러나 일반적으로 법원은 저작인격
권을 구성하는 권리 침해에 대해서는 각각 판단하면서도 그
손해액은 저작인격권 전체에 대해서 일괄적으로 산정하고
있다.

보통 저작인격권 침해에 따른 손해액을 산정함에 있어서, 법
원은 침해자의 침해행위의 방법과 기간, 침해수량 및 종류,
저작권자와 침해자와의 관계, 저작권자의 저작물이 무단으
로 이용된 범위, 저작권자의 경력과 저명도, 저작권자의 자
존심 훼손의 정도, 침해자의 침해행위의 상업적 의도, 기타
변론 전체의 취지를 통해 나타나는 다양한 사정 등을 종합
적으로 고려한다.

---

36) 서울고등법원 1998. 7. 16. 선고 98나1661 판결

극적저작물의
공정이용

타인의 극적저작물 전부 또는 일부를 허락 없이 이용하면 원칙적으로는 그 타인의 저작권을 침해하는 것이 된다. 그러나 비록 타인의 극적저작물의 전부 또는 일부를 무단으로 이용하더라도, 일정한 경우 저작권 침해가 되지 않는 경우가 있는데, 이를 '공정이용'이라고 한다.

저작권법이 저작권 등을 보호하는 이유는 저작권 등의 보호를 통하여 궁극적으로는 문화 및 관련 산업의 향상을 도모하려는 것이므로, 저작권 등은 저작권자 등의 개인적 이익과 문화 및 관련 산업의 향상이라는 사회적 이익의 비교형량에 따라 제한될 수 있다. 저작권법은 이러한 비교형량을 구체화하여 '저작재산권의 제한'이라는 제목 하에 공정이용에 관한 규정들을 명시하고 있다.

따라서 타인의 극적저작물의 전부 또는 일부를 해당 권리자의 허락 없이 이용할 때는 공정이용에 관한 규정들 가운데 어느 것에 해당될 수 있는지를 주의 깊게 살펴볼 필요가 있다. 그런데 공정이용은 기본적으로 저작권자 등의 권리를 제한하는 것이다 보니 실무에서는 공정이용이라는 이유로 저작권 침해가 부정되는 경우를 사실상 찾아보기가 어렵다.

공표된 저작물의 인용

1 개 요

저작권법 제28조(공표된 저작물의 인용)에서는 '공표된 저작물은 보도·비평·교육·연구 등을 위하여는 정당한 범위 안에서 공정한 관행에 합치되게 이를 인용할 수 있다'라고 규정하고 있다. 여기서 '인용'이라 함은 타인이 자신의 사상이나 감정을 표현한 저작물을 그 표현 그대로 끌어다 쓰는 것을 말하지만, 인용을 하면서 약간의 수정이나 변경을 하더라도 인용되는 저작물의 기본적 동일성에 변함이 없고 그 표현의 본질적 특성을 그대로 느낄 수 있다면 이 역시 인용에 해당한다.

그리고 법문은 '인용할 수 있다'고만 규정하고 있지만, 소극적으로 타인의 저작물을 복제하여 그 용도대로 사용하는 데 그치지 않고, 적극적으로 자신이 저작하는 저작물 중에 타인의 저작물을 인용하여 이용할 수 있다는 취지이므로, 인용된 부분이 복제·배포되거나 공연·방송·공중송신·전송되는 것도 허용된다. 결국, 정당한 인용은 복제권 뿐만 아니

라 배포권·공연권·방송권·공중송신권 등 저작재산권 일반
에 대한 제한사유가 된다.

저작권법 제28조는 새로운 저작물을 작성하기 위하여 기존
저작물을 이용해야 하는 경우가 많고, 그러한 경우에 기존
저작물의 인용이 널리 행해지고 있는 점을 고려하여 기존
저작물의 합리적 인용을 허용함으로써 문화 및 관련 산업의
향상발전이라는 저작권법의 목적을 달성하려는 데 그 입법
취지가 있다. 이러한 입법취지에 비추어 보면, 저작권법 제
28조에서 규정한 '보도·비평·교육·연구 등' 은 인용 목적의
예시에 해당한다고 봄이 타당하므로, 인용이 창조적이고 생
산적인 목적을 위한 것이라면 그것이 정당한 범위 안에서 공
정한 관행에 합치되게 이루어지는 한 저작권법 제28조에 의
하여 허용된다고 할 수 있다.

그리고 '정당한 범위 안에서 공정한 관행에 합치되게 인용'
한 것인지 여부는 인용의 목적, 저작물의 성질, 인용된 내용
과 분량, 피인용저작물을 수록한 방법과 형태, 독자의 일반
적 관념, 원저작물에 대한 수요를 대체하는지 여부 등을 종
합적으로 고려하여 판단해야 한다.[37] 그리고 이 경우 영리적
인 목적을 위한 이용은 비영리적인 목적을 위한 이용의 경
우에 비하여 허용되는 범위가 상당히 좁아진다.

---

37) 대법원 2006. 2. 9. 선고 2005도7793 판결

한편, 저작권법 제37조에서는 저작권법 제28조 등에 따라 저작권을 이용하는 자는 저작물의 이용 상황에 따라 합리적이라고 인정되는 방법으로 출처를 명시하도록 하고 있으므로, 타인의 저작물을 인용하는 경우에는 저작물의 이용 상황에 따라 합리적인 방법으로 그 출처를 명시해야 한다.

2 관련 판례

영화 〈러브레터〉 vs 영화 〈해피 에로 크리스마스〉 사건[38]

A회사는 1999년경 개봉된 영화 〈러브레터〉의 저작권자이다. 그런데 B회사, C회사가 제작·배급한 영화 〈해피 에로 크리스마스〉에 무단으로 〈러브레터〉의 주요 장면 가운데 일부[39]를 삽입[40]하여 상영하고, 이를 비디오, DVD로 제작·판매함으로써 A회사의 저작권을 침해하였거나 침해할 우려가 있으므로 이로 인한 A회사의 회복하기 어려운 손해를 막기 위하여 A가 시급히 이 사건 가처분을 신청한 사안

---

38) 서울중앙지방법원 2004. 3. 18. 선고 2004카합344 결정
39) 영화 〈러브레터〉의 명장면으로 여주인공이 눈 쌓인 산속 들판에서 "오겡끼데스까? 와따시와 겡끼데스"라고 울먹이며 소리치는 장면 등
40) 극중 인물인 온천파 두목 방석두(박영규)가 자신의 사무실에서 TV를 통해 영화 〈러브레터〉 가운데 명장면을 보면서 울먹이는 장면 등

■ 저작권자의 허락 없이 저작물을 사용하는 것이 무조건 저작권 침해에 해당하는지 여부(X)

저작자의 저작권 보호와 저작물의 이용을 통한 문화의 발전이라는 저작권법의 입법 목적을 감안하여 다툼의 대상이 되는 저작물의 특성, 인용한 분량, 내용, 새로운 저작물의 창작성의 정도 등 여러 사정을 종합적으로 고려하여 구체적 사안에 따라 저작권 침해 여부를 결정해야 한다.

■ 〈해피 에로 크리스마스〉에 〈러브레터〉의 주요 장면을 이용한 것이 공표된 저작물의 인용(저작권법 제28)에 해당하는지 여부(O)

① 〈러브레터〉 주요 장면의 표현 형식상 영화 〈해피 에로 크리스마스〉와 영화 〈러브레터〉는 명료하게 구분되어 그것들이 별개의 저작물임을 쉽게 알 수 있다.
② 〈러브레터〉는 국내에서만 110여 만 명의 상영관 관객을 동원하는 등 상업적 흥행에 성공하여 〈해피 에로 크리스마스〉의 잠재적 관객 가운데 〈러브레터〉의 주요 장면을 알지 못하는 사람은 소수일 것으로 보일 뿐만 아니라, 〈러브레터〉 주요 장면을 수정하거나 개작하는 등의 원작 훼손이 전혀 없어 〈러브레터〉 주요 장면이 A회사의 저작물이라는 점을 따로 밝히지 않더라도 일반적으로 누구라도 A회사의 저작물임을 쉽게 알 수 있다.
③ 〈러브레터〉 주요 장면은 110여 분에 달하는 〈해피 에로 크리스마스〉의 총 상영 시간 가운데 극히 일부인 30초가량

에 불과하고, 일반인들에게 널리 알려져 있어 공중의 영역에 근접해 있다고 보인다.

④ 〈러브레터〉 주요 장면은 단지 〈해피 에로 크리스마스〉의 등장인물 가운데 1인의 성격을 묘사하기 위한 필요에서 원작을 그대로 인용한 것으로 그 자체로 어떤 의미전달능력을 가지고 있다고 할 수 없으며 그 삽입으로 인하여 〈해피 에로 크리스마스〉의 실질적 가치가 높아졌다고 보기 어렵다.

⑤ 〈러브레터〉와 〈해피 에로 크리스마스〉는 장르나 예술적인 완성도에 있어 차이가 있고, 더욱이 〈해피 에로 크리스마스〉는 개봉된 지 상당한 기간이 경과하여 〈해피 에로 크리스마스〉로 인하여 〈러브레터〉의 현재 또는 잠재적인 시장에서의 가치가 감소된다거나 〈해피 에로 크리스마스〉가 〈러브레터〉를 떠올리게 하는 정도의 효과를 가질 뿐으로 그 부분만으로는 〈러브레터〉의 구체적인 내용을 알 수도 없어 그 부분 때문에 인용 영화의 관객이나 비디오 등의 구매 고객이 늘어날 것이라고 보기도 어렵다.

⑥ 〈러브레터〉 주요 장면은 고전에 속하는 다른 영화 등으로 대체가 가능하고 그 부분을 삭제하더라도 인용영화가 독자적인 존재 의의를 상실한다고 보기 어렵다.

⑦ B회사와 C회사는 A회사에게 〈러브레터〉 주요 장면의 이용 허락을 수차례 요청하였던 점을 고려하면, 청중의 입장에서 〈러브레터〉 주요 장면의 삽입으로 인하여 〈해피 에로 크리스마스〉가 〈러브레터〉를 부당하게 이용하였다는 반응을 보이거나 그와 같이 판단할 것이라고 보기 어렵다.

따라서 B회사와 C회사가 〈러브레터〉 주요 장면을 〈해피 에로 크리스마스〉에 삽입함으로써 〈러브레터〉에 관한 A회사의 저작권을 침해하였다고 단정하기 어려울 뿐만 아니라, 저작권법 제28조에 규정된 공표된 저작물의 인용에 해당된다고 볼 여지도 전혀 없는 것은 아니다.

평 석

이 사건은 영화 〈해피 에로 크리스마스〉 제작사가 그 제작당시 영화 〈러브레터〉의 제작사에게 수차례 〈러브레터〉 주요 장면 이용 허락을 요청했지만 결국 이용 허락을 받지 못한 채 위 장면을 영화에 삽입하게 되었으며, 이에 대해 〈러브레터〉 제작사가 〈해피 에로 크리스마스〉 제작사 등을 상대로 저작권 침해를 이유로 가처분을 신청한 사안이었다.

〈러브레터〉의 주요 장면은 영상저작물인 〈러브레터〉의 일부에 해당하고, 그것 또한 저작물성이 있기 때문에 이를 무단으로 사용하게 되면 원칙적으로는 저작권 침해에 해당하게 된다. 다만, 저작권법은 이러한 경우라도 그 이용이 공정이용에 해당하는 경우에는 저작권 침해가 되지 않도록 '저작재산권 제한'에 관한 규정을 두고 있는데, 그 가운데 하나가 바로 '공표된 저작물의 인용'이다.

당시 저작권법에는 위와 같은 공정이용의 일반규정인 현행저작권법 제35조의3(저작물의 공정한 이용)이 신설되기 전이었기 때문에, 당시에는 공정이용에 해당하는지 여부를 판단하기 위해서는 개별 공정이용에 관한 규정 가운데 어느 하나의 규정에 따라 공정이용 여부를 판단했어야 했다.

그런데 이 사건의 법원은 마치 공정이용에 관한 일반규정이 존재하는 것처럼 판단한 후, 마지막에 "공표된 저작물의 인용에 해당된다고 볼 여지도 전혀 없는 것도 아니다"라고 판시하였다. 그러나 이 당시 저작권법에 따라 판단을 한다면, 이 사건은 '공표된 저작물의 인용'에 초점을 맞추어서 판단하는 것이 옳았다고 생각된다. 이러한 점으로 미루어 볼 때, 이 사건은 공표된 저작물의 인용에 해당하여 저작권 침해가 아니라고 봄이 상당할 것으로 보인다.

공표된 저작물의 인용 여부가 다투어진 또 다른 극적저작물 관련 사건으로는 영화 〈대괴수 용가리〉 사례가 있다. 이 사건은 〈신동엽의 있다! 없다!〉라는 TV 오락프로그램에서 영화 〈대괴수 용가리〉의 일부 장면을 그 저작권자의 허락 없이 방영하였는데, 그것이 영화 〈대괴수 용가리〉 저작권자의 저작권을 침해하는 것인지 아니면 공표된 저작물의 인용에 해당는 것인지가 문제된 사안이었다.

영화 〈대괴수 용가리〉 사건[41]

K는 1967년 영화 〈대괴수 용가리〉를 제작하였다. K가 2003년
경 사망한 후 A는 영화 〈대괴수 용가리〉의 저작권을 상속받았다.
SBS와 〈신동엽의 있다! 없다!〉 프로그램의 담당 프로듀서 C는
이 프로그램 가운데 스타의 숨은 이야기를 발굴하는 코너인 〈스
타 UCC〉 편에서 연기자 이순재가 영화 〈대괴수 용가리〉에 출연
한 사실이 있는지를 확인하는 내용을 방송하는 과정에서 A의 허
락 없이 영화 〈대괴수 용가리〉 가운데 일부 장면을 3분 정도 방
영하였고, 인터넷 홈페이지를 통해 유료로 위 프로그램을 방송
하였다.

이에 A는 SBS 등의 이와 같은 행위는 영화 〈대괴수 용가리〉에
대해 자신이 가지고 있는 저작권을 침해하는 행위라는 이유로
SBS와 C를 상대로 저작권 침해에 따른 손해배상을 청구했다.

■ K가 영화 〈대괴수 용가리〉의 저작권자인지 여부(O)

 SBS 등의 주장

영화 〈용가리 대괴수〉의 제작자인 K는 이 영화의 제작에 창
작적으로 이바지한 바가 없으므로, 저작권자가 아니고 따라

---

41) 서울남부지방법원 2008. 6. 5. 선고 2007가합18479 판결

서 그 상속인 A 또한 이 영화의 저작권자가 아니다.

 법원의 판단

영상제작자는 실연자들로부터 저작권을 양수한 것으로 봄이 상당하다.

■ 〈신동엽의 있다! 없다!〉에서 영화 〈대괴수 용가리〉를 일부 인용한 것이 공표된 저작물의 인용에 해당하는지(X)

① SBS 등이 〈신동엽의 있다! 없다!〉 프로그램에서 영화 〈대괴수 용가리〉를 일부 인용한 것이 시청자들에게 정보와 재미를 주기 위한 목적이었다고 하더라도, 그 이용의 성격은 상업적·영리적인 점, ② SBS가 자신의 인터넷 홈페이지를 통하여 유료로 이 사건 프로그램을 방송한 점, ③ SBS 등이 A로부터 영화 〈대괴수 용가리〉의 인용에 대한 동의를 받는 것이 어렵지 아니하였던 점 등을 고려할 때, SBS 등의 위 행위가 공정이용에 해당한다고 할 수 없다.

■ A가 〈신동엽의 있다! 없다!〉에서 영화 〈대괴수 용가리〉가 일부 방영된 사실을 알고 이의를 제기했다가 철회한 것이 위 방영을 추인한 것인지 여부(X)

A가 SBS 등의 주장과 같이 인용을 추인한 사실을 인정할 만한 증거가 부족하다.

현행 저작권법과 비슷한 형태의 '영상저작물에 관한 특례' 규정은 1987년 저작권법에서 처음 신설되었다. 따라서 1957년 저작권법에서는 제38조에서 '영화제작권은 독창성을 가진 것에 있어서는 제30조 내지 제33조의 규정을 적용하고 이를 결한 것에 있어서는 제35조의 규정을 준용한다' 라고만 규정하고 있었다. 또 제38조는 '제2장 저작권' 이라는 장(章)에 있으며, 제38조에서 준용하고 있는 법 제30조 내지 제33조 또는 제35조는 저작(재산권) 존속기간에 관한 규정이라는 점을 감안해 보았을 때, 제38조에서 규정하고 있는 '영화제작권' 은 영화저작권으로 보인다. 그리고 1987년 저작권법 부칙 제2조 제2항 제5에서는 '1957년 저작권법 제38조의 규정에 의한 영화의 저작권 귀속' 은 1987년 개정 저작권법에도 불구하고 1957년 저작권법을 그대로 준용하도록 하고 있는 점으로 볼 때, 1957년 저작권법 제38조의 영화제작권은 영화 저작권으로 봄이 상당하다.

종합해 보면, 영화제작자가 영화저작권을 가지게 되는 것으로 봄이 상당하고, 1987년 저작권법 부칙에서 종전 영화저작권의 귀속은 1957년 저작권법을 적용하므로, 결국 영화제작자의 영화에 관한 저작(재산)권의 존속기간은 영화제작자가 개인이라면 사망 후 30년 간 존속하는 것으로 봄이 상당하다. 영화 〈대괴수 용가리〉는 1967년에 제작되었으므로, 당시에는 1957년 저작권법이 적용되었기 때문에 영화제작자가 영화저작권을 가지게 된다. 따라서 영화 〈대괴수 용가리〉의 영화제작자인 K가 이 영화의 저작권자가 된다. 그리고 1987년 저작권법 부칙에 따라 위 영화의 저작재산권 존속기간은 K가 생존하고 있는 동안 및 사후 30년간 존속하는데, K는 2003년경에 사망하였으므로 이 사건 당시 영화 〈대괴수 용가리〉에 관한 저작권은 여전히 존속하고 있었고, 그 저작권은 상속인 A가 가지는 것으로 봄이 상당하다.

그런데 이 사건 법원은 영화제작자인 K가 실연자들로부터 저작물의 권리를 양수하였기 때문에 영화 〈대괴수 용가리〉의 저작권자였고, 그 저작권이 A에게 상속되어 이 사건 당시 A가 영화 〈대괴수 용가리〉의 저작권자라는 취지로 판시하였다. 그러나 1957년 저작권법에서는 영화제작자가 영화제작에 협조한 자로부터 저작권을 양수하는 것으로 추정 또는 간주하는 규정이 없었기 때문에 위와 같은 취지의 판시는 타당하지 않은 것 같다.

또 이 사건 법원은 마치 공정이용의 일반규정이 존재하는 것처럼 판단하였는데, 이 사건 당시는 공정이용의 일반규정이 신설되기 전이었기 때문에, 이 사건의 경우는 이 사건과 가장 관련성이 있는 공정이용 규정인 '공표된 저작물의 인용' 여부를 거론했어야 했다고 생각된다.

기존의 저작물에 풍자나 비평 등의 새로운 창작적 노력을 부가함으로써 사회 전체적으로 유용한 이익을 가져다 줄 수 있는 점이나 저작권법 제28조에서 '공표된 저작물은 보도·비평·교육·연구 등을 위하여는 정당한 범위 안에서 공정한 관행에 합치되게 이를 인용할 수 있다'고 규정하고 있는 점 등에 비추어 패러디가 당해 저작물에 대한 자유 이용의 범주로 허용될 여지가 있음은 부인할 수 없다. 그러나 패러디는 우리 저작권법이 인정하고 있는 저작권자의 동일성유지권과 필연적으로 충돌할 수밖에 없기 때문에 그러한 동일성유지권의 본질적인 부분을 침해하지 않는 범위 내에서 예외적으로만 허용되는 것으로 보아야 할 것이고, 이러한 관점에서 패러디로 저작물의 변형적 이용이 허용되는지 여부는 저작권법 제28조 및 제13조 제2항의 규정 취지에 비추어, 원저작물에 대한 비평·풍자 여부, 원저작물의 이용 목적과 성격, 이용된 부분의 분량과 질, 이용된 방법과 형태, 소비자들의 일반적인 관념, 원저작물에 대한 시장수요 내지 가치에 미치는 영향 등을 종합적으로 고려하여 신중하게 판단해야한다.[42] 통상 성공한 패러디는 독립저작물로서 저작권 침해가 되지 않는 반면, 실패한 패러디는 2차적저작물로서 저작권 침해에 해당하게 된다.

---

42) 서울지방법원 2001. 11. 1. 자 2001카합1837 결정

12

사적이용을 위한
복제

저작권법 제30조에서는 '공표된 저작물을 영리를 목적으로 하지 아니하고 개인적으로 이용하거나 가정 및 이에 준하는 한정된 범위 안에서 이용하는 경우에는 그 이용자는 이를 복제할 수 있다. 다만, 공중의 사용에 제공하기 위하여 설치된 복사기기에 의한 복제는 그러하지 아니하다' 라고 규정하고 있다.

여기서 '개인적으로 이용하거나 가정 및 이에 준하는 한정된 범위 안에서의 이용'에 해당하기 위해서는 복제를 하는 이용자들이 다수 집단이 아니어야 하고, 그 이용자들 서로 간에 어느 정도의 긴밀한 인적결합이 존재할 것이 요구된다. 따라서 친밀한 관계가 유지되는 극히 한정된 사람들 사이에서 이용하는 경우에만 본 규정이 적용되는 것이다. 이와 관련하여 대법원은 "기업 내부에서 업무상 이용하기 위하여 저작물을 복제하는 행위는 이를 개인적으로 이용'하는 것이라거나 '가정 및 이에 준하는 한정된 범위 안에서 이용하는 것이라고 볼 수 없다"고 판시한 바 있다.

따라서 저작물의 이용자가 타인의 저작물을 사적으로 이용하는 경우에는 저작권 침해가 아니게 된다. 이와 관련하여 〈불법 다운로드〉 사건을 통해 웹하드 등에 있는 영화 등이 타인의 저작권을 침해한 것임을 알면서도 이를 다운로드 받는 것이 사적이용을 위한 복제로서 저작권 침해에 해당하지 않는 것인지 여부에 관해 살펴보겠다.[43]

〈불법 다운로드〉 사건[44]

A회사 등은 특정 영화들(이하 '이 사건 영화들'이라고 함)에 대해 복제권·전송권을 가지고 있거나 복제권·전송권을 가진 자로부터 온라인상 독점적 이용허락을 받았다. B회사 등은 인터넷 사이트를 통해 웹스토리지를 제공(이하 '이 사건 서비스'라 함)하고 있는데, 그 이용자들 가운데 일부는 이 사건 서비스를 통해 파일의 공유가 가능한 점을 이용하여 저작권자로부터 이용허락을 받지 않은 채 이 사건 영화들을 포함한 영화 파일을 업로드 또는 다운로드하고 있다. 이에 A회사 등이 B회사 등을 상대로 B회사 등이 운영하는 인터넷 사이트에서 운영하는 이 사건 서비스 제공을 금지하는 등을 골자로 하는 가처분을 신청한 사안

---

43) 이 사례와 관련해서는 복제권 침해 여부에 관해서만 살펴보도록 하겠다.
44) 서울중앙지방법원 2008. 8. 5. 자 2008카합968 결정

■ 복제권 침해 여부

저작권자의 이용허락을 받지 않은 영화 파일을 업로드하여 웹스토리지에 저장하거나 다운로드하여 개인용 하드디스크 또는 웹스토리지에 저장하는 행위는 특별한 사정이 없는 한 저작권자의 복제권[45]을 침해하는 것이 된다. 그런데 저작권법 제30조는 '사적이용을 위한 복제'를 허용하고 있으므로, 위와 같은 이용자들의 복제행위가 이에 해당하여 적법하게 되는 것인지 살펴 볼 필요가 있다.

1) 웹스토리지에 업로드 되어 있는 영화 파일을 공중(불특정 다수인 또는 특정 다수인)이 다운로드하여 개인용 하드디스크 또는 비공개 웹스토리지에 저장하는 행위가 사적이용을 위한 복제로서 적법한가?(X)

이는 영리 목적 없이 개인적으로 이용하기 위하여 복제를 하는 경우에 해당할 수는 있다. 그러나 업로드 되어 있는 영화 파일이 명백히 저작권을 침해하여 불법한 파일인 경우에까지 사적이용을 위한 복제로 보게 되면 저작권 침해의 상태가 영구히 유지되는 부당한 결과가 생길 수 있기 때문에 다운로더 입장에서 복제의 대상이 되는 파일이 저작권을 침해한 불법파일인 것을 미필적으로나마 알고 있었다고 보아

---

45) 현행 저작권법상 복제는 인쇄·사진촬영·복사·녹음·녹화 그 밖의 방법으로 일시적 또는 영구적으로 유형물에 고정하거나 다시 제작하는 것을 말한다(저작권법 제2조 제22호).

야 할 이 사건에서는 위와 같은 다운로드 행위를 사적이용을 위한 복제로서 적법하다고 하기는 어렵다.

2) 개인용 하드디스크에 저장된 영화 파일을 비공개 상태로 업로드하여 웹스토리지에 저장하는 행위가 사적이용을 위한 복제로서 적법한가?

① DVD를 합법적으로 구매하여 파일로 변환한 경우(O)

이를 다시 웹스토리지에 비공개 상태로 저장하는 행위는 사적이용을 위한 복제로서 적법하다.

② 해당 파일이 불법 파일인 경우(X)

이를 웹스토리지에 비공개 상태로 저장하더라도 사적이용을 위한 복제로서 적법하다고 하기는 어렵다.

평 석

웹스토리지에 업로드 되어 있는 불법 영화파일을 이용자가 개인적으로 다운로드 받는 것은 원칙적으로 저작권자의 복제권을 침해하는 행위에 해당하지만, 저작권법 제30조에서 규정하고 있는 '사적이용을 위한 복제'에 해당한다면 저작권 침해에 해당하지 않게 된다.

이와 관련하여 법원은 웹스토리지에서 명백히 저작권을 침해하는 불법적인 영화파일을 다운로드하는 것은 사적이용을 위한 복제에 해당하지 않는다는 취지로 판단하였는데, 그 이유는 이를 사적이용을 위한 복제로 보게 되면 저작권 침해의 상태가 영구히 유지되는 부당한 결과가 생길 수 있기 때문이라고 하였다.

그러나 우리 저작권법 제30조에는 '공표된 저작물을 영리를 목적으로 하지 아니하고 개인적으로 이용하거나 가정 및 이에 준하는 한정된 범위 안에서 이용하는 경우에는 그 이용자는 이를 복제할 수 있다. 다만, 공중의 사용에 제공하기 위하여 설치된 복사기기에 의한 복제는 그러하지 아니하다'라고만 규정하고 있을 뿐, 복제하려고 하는 파일 등이 명백히 저작권을 침해하여 불법한 파일 등인 경우에는 사적이용을 위한 복제에 해당하지 않는다는 명시적인 규정을 두고 있지 않다.

만일 사적이용을 위한 복제 여부가 문제된 사안이 민사사건이 아닌 형사사건이라면 저작권법 제30조(사적이용을 위한 복제)를 어떻게 해석하느냐에 따라 유·무죄가 갈릴 수 있는 것이다. 비록 저작권법 제30조가 처벌규정이 아니라 처벌을 면하게 해주기 위한 규정이라도 확대해석을 통해 처벌의 범위를 넓히는 일은 삼가는 것이 바람직할 것이다.

I3I
저작물의
공정한 이용

정보통신 기술의 발달과 더불어 새로운 유형의 저작물 이용 형태가 계속 등장함에 따라 기존의 개별적인 저작재산권의 제한 규정만으로는 저작물 이용행위 모두를 공정이용으로 포섭시킬 수 없게 되었다. 이에 저작권법에서는 공정이용에 관한 보충적 규정으로 '저작물의 공정한 이용'에 관한 규정(저작권법 제35조의3)을 신설하였다. 이는 개별적·구체적인 공정이용에 관한 규정을 적용할 수 없는 이용행위에 대하여도 일정한 요건을 갖춘 경우에 이를 공정이용으로 인정하기 위한 포괄적 공정이용 조항이다.

이 조항혜서는 저작물의 통상적인 이용 방법과 충돌하지 않고 저작권자의 정당한 이익을 부당하게 해치지 않는 경우에는 저작물을 이용할 수 있는데, ① 이용의 목적 및 성격, ② 저작물의 종류 및 용도, ③ 이용된 부분이 저작물 전체에서 차지하는 비중과 그 중요성 및 ④ 저작물의 이용이 그 저작물의 현재 시장 또는 가치나 잠재적인 시장 또는 가치에 미치는 영향 등을 고려하여야 한다고 규정하고 있다.

PART

08

· · · · · ·

명예훼손 또는
인격권 침해 등을
이유로 한
상영·방영 금지 청구

개 요

우리는 영화나 드라마가 상영 또는 방영을 앞두고 상영 또는 방영금지가처분이 제기되었다는 기사를 종종 접하게 된다. 그런데 그 내용을 자세히 들여다보면, 저작권 침해보다는 신청인의 인격이 침해되거나 명예가 훼손되었다는 것을 이유로 한 것이 훨씬 많고 그러한 이유로 신청되는 가처분들은 법원에 의해 기각이 되는 경우가 대부분이다. 그 이유는 영화나 드라마와 같은 대중매체가 가지는 표현의 자유와 그로 인한 인격권 침해 간의 비교형량의 결과, 통상 법원은 표현의 자유를 보장해주는 방향으로 판단을 하고 있기 때문이다.

그렇다고 하더라도 영화나 드라마의 상영 또는 방영으로 인해 누군가의 인격적 권리가 중대하고 명백하게 침해된다면, 그러한 범위 내에서의 표현의 자유는 제한되는 것이 마땅할 것이다.

「2」
명예권 또는 인격권 vs
표현의 자유와 상영금지 여부

표현의 자유는 전통적으로 사상 또는 의견의 자유로운 표명과 그것을 전파할 자유를 의미하는 것으로서, 개인이 인간으로서의 존엄과 가치를 유지하고 행복을 추구하며 국민주권을 실현하는 데 필수불가결한 것이다. 그리고 이는 오늘날 민주국가에서 국민이 갖는 가장 중요한 기본권의 하나로 인식되고 있다.[46] 이러한 의미에서 영화는 의사표현의 매체로서 예술표현의 수단이므로 영화의 제작·상영은 원칙적으로 이와 같은 헌법상 표현의 자유에 의하여 보장된다고 할 것이다. 다만, 영화에 의하여 타인의 명예나 인격적 법익이 침해된 경우에는 인격적 법익 보호와 표현의 자유 보장이라는 두 가지 헌법적 가치가 충돌하므로, 경우에 따라서는 영화의 제작·상영이라는 표현의 자유가 제한되는 경우를 상정할 수 있다.

사람의 품성, 덕행, 명성, 신용 등의 인격적 가치에 관하여 사회로부터 받는 객관적인 평가인 명예를 위법하게 침해당

---

46) 헌법재판소 1992. 2. 25. 선고 89헌가104 결정

한 자는 손해배상 등을 구할 수 있는 이외에 인격권으로서 명예권에 기초하여 가해자에 대하여 현재 이루어지고 있는 침해행위를 배제하거나 장래에 생길 침해를 예방하기 위하여 침해행위의 금지를 구할 수도 있다. 다만, 영화 등의 내용이 특정인의 명예를 훼손하는 내용을 담고 있는지의 여부는 단순히 특정인의 주관적 명예감정이 손상되었다는 것만으로는 부족하고 객관적으로 보아 그러한 영화를 관람하는 사람들로 하여금 그 영화에 등장하는 인물 등이 실제 인물 등을 지칭하는 것으로 인식하게 할 만한 상당한 연관성이 존재하여 결과적으로 특정인에 대한 사회적인 평가가 저하된다는 점이 인정되어야 한다.

또 이러한 영화 등의 객관적인 내용과 아울러 일반 관객이 보통의 주의로 영화 등을 접했을 때 받게 되는 전체적인 인상, 영화 등의 내용의 전체적인 흐름, 이야기와 화면의 구성 방식, 사용된 대사의 통상적인 의미와 그 연결 방법, 영화 등이 내포하고 있는 넓은 주제나 배경이 되는 사회적 흐름 등도 종합적으로 고려하여야 한다.

또한 표현으로 인하여 인격적 법익이 침해되는 피해자가 공적인 존재인지, 사적인 존재인지, 그 표현이 공적인 관심사에 관한 것인지, 순수한 사적인 영역에 속하는 것인지에 따라 심사기준에 차이를 두어야 한다. 공적이고 사회적인 사안에 대한 표현의 경우에는 여론의 자유로운 형성과 전달을 통하여 민주적 정치질서를 생성하고 유지하는 기능을 고려하여 최대한 보장되어야 하고, 특히 공직자의 도덕성, 청렴성이나 그 업무처리의 정당성 여부에 대한 감시와 비판은 그 표현이 악의적이거나 현저히 상당성을 잃은 공격이 아닌 한 쉽게 제한되어서는 안 된다.

또 타인의 인격적 법익이 침해된 경우에도 영화의 상영 등 표현행위 자체를 금지하는 것은 인격적 법익 침해를 이유로 금전적인 손해배상을 명하는 경우와는 달리 표현의 자유를 근본적으로 제한하는 것이다. 그래서 표현행위에 대한 사전 억제는 검열을 금지하는 헌법 제21조 제2항의 취지에 비추어 볼 때 매우 제한적으로 허용되어야 한다. 따라서 영화의 상영 금지 등은 영화 등으로 인한 인격적 법익 침해의 태양 및 정도에 비추어 그 침해가 중대하고 명백할 뿐만 아니라 피해자에게 회복하기 어려운 심대한 손해를 입힐 우려가 있어 그에 대한 유효적절한 구제수단으로서 금지의 필요성이 인정되는 경우에 한하여 예외적으로 허용되어야 할 것이다.

영화 〈천안함 프로젝트〉 사건은 천안함의 함장 등이 영화 〈천안함 프로젝트〉의 제작사 등을 상대로 영화에서 자신들의 명예를 훼손하는 내용이 있다고 하여 영화 상영금지가처분을 신청한 사안이다.

영화 〈천안함 프로젝트〉 사건[47]

A는 천안함 사건 당시 천안함 함장, A1은 당시 해군 작전사 작전처장, A2는 당시 해군 구조팀장이고, A3는 천안함 사건 당시 순직한 하사 E의 아버지이며, A4는 순직한 병장 F의 어머니이다(이하 이들을 모두 칭할 때, 'A 등'이라 함). B는 제작자, B1은 감독, B2 회사는 제작사로서 〈천안함 프로젝트〉 제작에 관여하였다(이하 이들을 모두 칭할 때, 'B 등'이라 함).

A 등은 "천안함 사건 후 국방부는 민·군합동조사단(이하 '합조단'이라 함)을 편성하여 천안함 침몰 원인에 대해 조사했고, 천안함이 북한 어뢰에 의한 수중폭발로 침몰했음을 확인했다. 그런데 〈천안함 프로젝트〉는 C, D의 근거 없는 진술을 검증 없이 신뢰하여 천안함이 어뢰에 피격된 것이 아니라 좌초됐거나 다른 잠수함과 충돌하여 침몰했고, 해군이 구조를 지연하여 직무를 유기했으며, C가 기무사로부터 협박전화를 받았다고 적시하고 있다. 이 영화가 상영될 경우 A는 암초 또는 잠수함을 발견하지 못한 과실로 많은 장병들을 사상시킨 사람, A1, A2는 구조작업을 고의적으로 지연시켜 피해를 더욱 확산시킨 사람, 고인들은 경계 작전을 수행하면서 임무를 소홀히 하여 좌초 또는 충돌에 책임이 있는 것처럼 인식될 수 있어 고인들 및 그 유족들의 명예가 중대하게 훼손된다"라고 주장하며 B 등을 상대로 영화상영금지 가처분을 신청했다.

47) 의정부지방법원 고양지원 2013. 9. 4. 2013카합339 결정

■ 영화 〈천안함 프로젝트〉의 상영 시간 가운데 상당 부분을 천안함이 북한의 어뢰에 피격당하여 침몰하였다는 합조단 보고서의 공식 조사 결과를 불신하는 조사위원 C, 해난구조 전문가라고 주장하는 D의 인터뷰에 할애하는 것이 A 등의 명예를 훼손하는 것인지(X)

〈천안함 프로젝트〉의 구성과 전체적인 흐름에 비추어 볼 때, B 등은 우리 사회에 여전히 천안함 사건의 사고 원인을 둘러싼 의혹이 완전히 해소되지 않은 상황에서 의혹 제기 자체를 금기시하고 막기보다는 의혹 제기를 허용하고 그에 대하여 투명하게 논의하는 것이 필요하다는 의도로 〈천안함 프로젝트〉 제작한 것으로 보인다.

이러한 〈천안함 프로젝트〉의 제작 목적 및 영화의 전체적 내용에 비추어 〈천안함 프로젝트〉가 합조단 보고서의 조사결과를 비판하고 불신하는 취지로 구성되어 있다고 하더라도, '천안함은 북한의 어뢰와 무관하게 좌초 또는 잠수한다. 충돌로 인하여 침몰하였다' 는 허위의 사실을 적시하였다고 단정할 것이 아니라, 천안함 사고원인에 대하여 일부 국민들이 합조단 보고서와 다른 의견 또는 주장을 가지고 있으며, 이러한 의견 또는 주장을 다큐멘터리 영화의 형식으로 표현한 것이라 할 것이므로 〈천안함 프로젝트〉가 허위의 사실을 적시하여 A 등의 명예가 훼손되었다는 주장은 받아들이기 어렵다.

■ 영화 〈천안함 프로젝트〉의 해군 구조과정 부분이 허위사실인지 (X)

당시 언론에 보도된 내용이나 A2를 비롯한 구조 활동 관계 자들이 C에 대한 형사재판에서 한 증언을 토대로 천안함 사건 발생 직후, 군이 천안함 탐색을 위하여 즉시 인근 어선들의 도움을 요청한 것이 아니라 이틀간 어선들의 출입항을 금지시켰다가 사흘째 되는 날 인근 해역을 구획하여 어선들에게 탐색을 요청하였다는 사실, 3월 27일 점심 무렵까지 천안함 한다.수 부분이 장촌 해안가 인근 바다 위에 떠 있었고 해경으로부터 그 부분 좌표를 전달받았는데도 잠수부 등이 그 즉시 그 지점에 투입되지 않았고 그 다음날부터 다른 지점에 투입되었다는 사실을 적시하고, 이러한 구조 과정에 대하여 위 C, D 및 기자 E, 변호사 F가 '백령도 소재 어선을 동원했으면 30분이면 찾는다', '제대로 된 장비를 투입하였으면 2시간이면 찾는다', '직무를 유기한 것이나 마찬가지다', '귀중한 시간을 지연 또는 허비한 것이 이해가 되지 않았다, 유기적인 구조 체계가 갖추어지지 않았다'고 말하는 내용이 담겨 있는바, 〈천안함 프로젝트〉가 적시한 '어선을 동원한 탐색 요청이나 해상 한다.수 발견 지점에 대한 구조대 투입이 즉시 이루어지지 않았다'라는 구체적 사실이 허위가 아니라면 구조가 지연되었다거나 해군이 직무를 유기하였다는 부분은 구체적 사실관계에 대한 C, D, E, F의 평가 내지 의견을 전달한 데 불과한 것이라고 볼 여지도 충분하다는 점에서, A 등의 주장처럼 〈천안함 프로젝트〉가 '해군이 구조를

지연하여 직무를 유기하였다' 는 허위사실을 적시하였다고
단정하기 어렵다.

■ 영화 〈천안함 프로젝트〉가 A 등의 명예를 훼손하는지(X)

〈천안함 프로젝트〉는 천안함 사건 당시 A나 고인들의 행동
을 구체적으로 재연하는 내용은 전혀 포함하고 있지 않을
뿐 아니라 그 이름도 전혀 언급되지 않는 점, A1, A2의 경
우 관련 형사재판에서 증언한 내용을 토대로 증인신문 상황
이 묘사되고 있을 뿐인 점, 천안함 사건이 극도로 공적인 영
역에 속하는 사안이고 A, A1, A2가 현역 고위 장교로서 공
직자인 점 등에 비추어 볼 때, 〈천안함 프로젝트〉가 A 등 개
인의 명예를 직접적으로 훼손하는 내용을 담고 있다고 단정
하기도 어렵다.

■ C가 기무사로부터 협박전화를 받았다고 말하는 부분이 A 등의
명예를 훼손하는 것인지(X)

이와 관련하여 허위사실에 해당한다는 점을 알 수 있는 아
무런 자료가 없을 뿐 아니라 설령 허위사실의 적시에 해당
한다고 하더라도 그로 인하여 A 등의 명예가 훼손된다고 보
기 어렵다.

〈천안함 프로젝트〉에서 천안함 사건과 관련하여 제기하고 있는 의혹은 기존에 이미 제기되었던 것들이고, 대부분 정부에서 발간한 《천안함 피격사건 백서》에서도 소개된 것들이다. 한편 합조단의 조사결과에 대하여는 영화보다 전파력이 훨씬 강한 KBS의 시사프로그램 〈추적 60분〉에서 이미 "의문의 천안함, 논쟁은 끝났나?"라는 제목으로 보도를 한 바 있고, 위 방송은 지금도 KBS 홈페이지에서 다시보기로 시청할 수 있다.

이러한 상황에서 비록 A 등의 주장처럼 〈천안함 프로젝트〉가 상영되어 국민들 사이에 천안함 사건의 원인을 둘러싼 혼란이 발생할 우려가 있다고 하더라도 A 등의 명예가 회복할 수 없을 정도로 중대하고 명백하게 훼손된다고 보기 어려운 이상 가처분으로 시급하게 영화의 상영 자체를 금지할 보전의 필요성이 있다고 보기도 어렵다.

영화 〈방황하는 칼날〉[48]

> A회사는 '청솔학원'이라는 명칭으로 학원 관련 사업을 영위하는 회사이고, B회사 등은 영화 〈방황하는 칼날〉의 공동제작사들이다.
>
> 영화 〈방황하는 칼날〉에서는 A회사가 운영하는 청솔학원을 가출한 소녀들을 감금하여 성매매를 시키는 미성년자 성매매업소로, 청솔학원 원장을 미성년자 성매매업소를 운영하는 원장으로 표현하고 있다.
>
> 이에 A회사는 B회사 등이 〈방황하는 칼날〉을 상영하는 등의 행위는 A회사의 명예를 훼손하는 것이라는 이유로 B회사 등을 상대로 〈방황하는 칼날〉의 상영금지 등의 가처분을 신청하였다.

■ 영화 〈방황하는 칼날〉에서 나오는 청솔학원 등의 부정적 이미지로 인해 A회사의 명예가 훼손되는지(X)

〈방황하는 칼날〉에는 청솔학원이라는 명칭의 학원 건물이 주인공의 딸을 성폭행하고 살해한 청소년들이 운영하는 미성년자 성매매업소로 표현되는 장면 및 이를 위장 성매매업소로 지칭하는 장면이 포함되어 있다. 따라서 〈방황하는 칼날〉을 관람한 사람들이 청솔학원이라는 명칭에 대한 부정적

---

48) 사건 서울중앙지방법원 2014. 4. 22. 2014카합80285 결정

인 인상을 갖게 될 여지가 있어, 청솔학원이라는 명칭을 사용하여 학원을 운영하는 A회사의 명예감정에 상당한 손상이 있을 개연성이 있다.

그러나 하나의 창작물인 영화에 등장하는 소재로 인하여 특정인의 명예가 훼손되었다고 판단하기 위해서는 단순히 특정인의 주관적 명예감정이 손상되었다는 것만으로는 부족하고, 객관적으로 영화를 관람하는 사람들로 하여금 그 영화에 등장하는 인물 등이 실제 인물 등을 지칭하는 것으로 인식하게 할 만한 상당한 연관성이 존재하여 결과적으로 특정인에 대한 사회적인 평가가 저하된다는 점이 인정되어야 한다. 그리고 인격권으로서의 명예의 보호가 헌법상 보장되고 있는 표현의 자유, 예술의 자유를 부당하게 제한하는 결과가 되지 않도록 위 두 법익을 비교형량하여 신중하게 판단해야 할 것이다.

다음과 같은 사정을 종합해보면, 〈방황하는 칼날〉에 등장하는 청솔학원이라는 명칭이 실제 존재하는 A회사가 운영하는 학원의 명칭과 동일하다고 하더라도, 그러한 사정만으로 〈방황하는 칼날〉을 관람하는 일반인들이 영화에 등장하는 청솔학원 건물을 A회사가 운영하는 청솔학원으로 오인하게 될 것으로 보이지 않는다.

① 〈방황하는 칼날〉은 히가시노 게이고의 소설 《방황하는 칼날》을 원작으로 한 작품으로 실화가 아닌 창작된 허구의

사실을 기초로 하고 있고, 〈방황하는 칼날〉의 끝맺음 자막 (엔딩 크레디트)에는 위 소설이 원작임을 나타내는 자막이 2회 표시된다.

② 〈방황하는 칼날〉에는 청솔학원이 실제 학원이 아니고 도박빚 대신 인수한 건물이라는 취지의 대사가 포함되어 있으므로, 관객들이 현재 학원으로 운영되지 않고 있는 건물이라는 사실을 충분히 추단할 수 있다.

③ A회사는 수도권 지역에서 일정 규모 이상의 강남청솔학원, 분당청솔학원, 평촌청솔학원, 강북청솔학원, 부천청솔학원, 일산청솔학원 등을 운영하고 있는 반면, 〈방황하는 칼날〉에 등장하는 청솔학원 건물은 강릉시에 소재하고 있고 그 시설과 규모에 비추어 A가 운영하는 학원으로 오인될 가능성이 높지 않는다.

④ 학원 명칭이 청솔학원이거나 청솔이라는 단어가 포함된 명칭을 사용하는 학원은 전국 각지에 다수 존재하므로, 〈방황하는 칼날〉에 등장하는 청솔학원 건물이 객관적으로 A회사가 운영하는 청솔학원을 지칭한다고 보기 어렵다.

따라서 〈방황하는 칼날〉의 상영으로 인하여 청솔학원이라는 명칭의 학원을 운영하는 A회사에 대한 객관적인 사회적 평가가 저하된다고 보기 어렵다.

［3］
실제 사건이나 실존 인물을
모델로 한 영화나 드라마

1 영화의 경우

1) 일반적으로 영화는 시나리오 작가 및 영화감독 등을 비롯한 제작진들의 상상력에 의해 가상적인 인물들이 전개해 나가는 이야기를 영상화한 창작물로서 통상적으로는 허구임을 전제로 한다. 그러나 관객의 흥미와 감동을 유발하기 위해 때로는 실제로 존재했던 사건이나 인물을 모델로 하는 경우가 있다.

한편 '모든 국민은 학문과 예술의 자유를 가진다' 라고 규정한 헌법 제22조가 보장하는 예술의 자유는 창작소재, 창작형태 및 창작 과정 등에 대한 임의 결정권을 포함한 예술창작활동의 자유와 창작한 예술작품을 일반대중에게 전시·공연·보급할 수 있는 예술표현의 자유 등을 포괄하는 것이다. 다만, 이러한 예술의 자유가 무제한적인 기본권은 아니기 때문에 타인의 권리와 명예 또는 공중도덕이나 사회윤리를 침해해서는 안 된다.

그러므로 실제 사건이나 인물을 모델로 한 영화가 역사적 사실을 왜곡하는 등의 방법으로 그 모델이 된 인물의 명예를 훼손하거나 인격권을 침해한 경우, 피해자는 영화제작자 등을 상대로 하여 인격권 침해 등을 이유로 그 영화의 상영 금지 등을 구할 수 있고, 그 모델이 된 사람이 이미 사망하였다고 하더라도 망인의 인격권을 중대하게 훼손하는 왜곡 등으로부터 인간으로서의 존엄과 가치를 보호하기 위하여 필요한 경우 그 유가족이 인격권 침해를 근거로 하여 이에 대한 금지청구권 등을 행사할 수 있다.

다만, 시간이 경과함에 따라서 역사적 진실을 확인할 수 있는 객관적 자료의 한계로 인하여 진실 여부를 확인하는 작업이 쉽지 않을 수 있기 때문에 점차적으로 망인이나 그 유가족의 인격권보다는 역사적 사건을 소재로 하는 창작 내지 예술의 자유에 대한 보호의 정도가 상대적으로 중시될 수 있다는 점 등을 고려해야 한다.[49] 따라서 영화제작 등의 토대가 된 각종 자료들의 확실성과 신빙성, 역사적 사건에 대한 구체적이고 실질적인 사실 확인 작업이 비교적 용이하였는지 여부 등 여러 사정을 종합하여 영화제작자 등이 적절하고도 충분한 조사를 다하였는가, 그 영화 등의 내용이 객관적이고 합리적인 자료, 근거에 의해 뒷받침되는가 등에 비추어 인격권 침해 여부를 판단해야 한다.[50]

---

49) 대법원 1998. 2. 27. 선고 97다19038 판결 등 참조
50) 대법원 1998. 10. 27. 선고 98다24624 판결 등 참조

특히 법원에서 예술적 창작물인 영화의 상영 자체를 금지하거나 혹은 그 영화 내용을 직접적으로 수정·삭제하여 달라는 취지의 피해자의 청구를 인용하는 것은 사법절차를 통하여 예술의 자유를 직접적으로 제한하는 결과를 야기할 수 있다는 점에 비추어 볼 때, 피해자에게 위와 같이 직접적 구제수단이 허용되는 사안은 명예훼손 또는 인격권 침해의 태양 및 그 정도, 침해경위 등 제반 사정을 종합적으로 고려하여 그 인격권의 핵심적 내용이 중대하게 훼손되는 경우 등으로 한정해야 한다.

영화 〈실미도〉 사건[51]

1968. 4.경 창설된 684부대의 훈련병들의 유가족들인 A 등은 영화 〈실미도〉는 중범죄로 인한 형사 처분을 받은 적이 없는 훈련병들을 살인죄 등 중범죄자로 묘사하고, 훈련과정 등에서 훈련병들이 북한의 군가인 '적기가'를 부른 적이 없었음에도 불구하고, 이를 부르는 장면을 묘사함으로써 훈련병들 및 그 유가족들의 인격권을 침해하였다는 이유로, 영화공동제작사인 B회사와 영화감독인 C를 상대로 영화 상영금지가처분을 신청했다.

---

51) 서울고등법원 2005. 1. 17. 2004라439 결정

■ 역사적 사실과 배치되는 영화장면으로 인한 인격권 침해 등(X)

 B회사 등의 반박

〈실미도〉는 다큐멘터리가 아니라 본질적으로 작가의 문학적 상상력의 산물인 대본을 토대로 한 단순한 상업 영화일 뿐이기 때문에 〈실미도〉로 인하여 훈련병들 내지 그 유가족의 인격권이 침해되었다고 볼 수는 없다.

 법원의 판단

1) 684부대 훈련병들의 모집 경위(교도소 모집 vs 민간인 모집) 및 출신 성분 등

훈련병들을 직접 접촉하였던 사람들은 실제로 광범위하게 이루어진 민간인 모집 사례 등과 조화될 수 있는 구체적이고 상세한 진술을 하고 있는 반면에, 그 모집 경위 등을 간접적으로 보고 받은 고위공직자들의 경우 역사적 사실에 배치되는 듯한 추상적·포괄적인 진술을 하고 있는 점에 비추어 보면, 그 당시 훈련병 모집을 담당하였던 정보기관의 보고 체계 등에 문제가 있었다고 볼 수는 있다. 그러나 B회사 등은 〈실미도〉 제작 과정에서 민간인 모집에 관한 구체적·개별적 사례까지 상세하게 예시하고 있는 《실미도 684 부대 주석궁 폭파부대》 등을 참고하였다는 점을 인정하고 있고, 영화 〈실미도〉의 원작인 《소설 실미도》에도 민간인 모집 방식에 관한 내용이 언급되어 있는 이상, 영화 제작 당시에 교도소 모집 방식에 관한 자료만 있었고 민간인 모집 방식에 관한 자료는 전혀 없었다는 취지의 B회사 등의 주장은 받아들일 수 없다.

〈실미도〉는 불과 30여 년 전에 창설된 684부대에 관한 것으로 그 부대에 직접 몸담았던 기간병들 및 훈련병들의 유가족들이 생존하고 있을 것이라는 점은 쉽게 예상할 수 있고, 〈실미도〉 제작 이전에 이미 〈이제는 말할 수 있다-실미도 특수부대〉, 〈실미도 684 부대 주석궁 폭파부대〉 등을 통하여 그 훈련병들과 직접 접촉했던 여러 기간병들의 실명과 얼굴 등이 일반대중들에게 이미 공개된 상태였다는 점 등에 비추어, B회사 등이 684부대 훈련병들에 대한 모집 경위 등에 대한 실질적인 사실 확인 작업이 충분히 가능했다고 봄이 상당하다. 따라서 훈련병들에 대하여 민간인 모집 방식이 적용되었다는 사정을 확인할 방법이 없었다는 취지의 B회사 등의 주장도 받아들일 수 없다.

2) 684부대 훈련병들이 적기가(북한 국가)를 부르는 장면

B회사 등은 〈실미도〉 제작 당시 생존하고 있던 684부대의 기간병들의 진술을 청취하는 방법 등을 통하여 훈련병들이 적기가를 배웠는지 여부, 부녀자 강간사건에 대한 처리과정 등에 대한 실질적인 사실 확인 작업을 충분히 할 수 있었음에도 불구하고, 훈련병들의 정체성을 오도하는 방식으로 훈

련병들 및 그 유가족들의 인격권을 침해하였다는 논란을 야기할 수 있는 장면들을 별다른 근거 없이 임으로 제작한 것으로 볼 수 있다.

3) 훈련병들의 출신성분 등에 관한 기타 장면들

684부대 훈련병들의 맹목적인 평양행에 대한 고집, 훈련병들 전원에 대한 상부의 사살 명령, 훈련병들의 전원 자폭 등을 묘사하고 있는 영화 장면들은 교도소 모집 방식에 의하여 훈련병들이 충원되었다는 〈실미도〉의 중심축을 보강하는 내용이 될 수 있다. 훈련병들이 본래 죽을 목숨이었으므로 당시 정부가 이들을 단순한 사살 명령의 객체로 취급할 수 있는 상황이었고, 훈련병들 역시 애당초 정상적으로 사회에 복귀하는 것이 불가능하였기 때문에 맹목적으로 평양행을 고집하다가 최후에는 전원 자폭이라는 극단적인 선택을 하게 되었다는 식의 잘못된 사실 인식을 일반관객들에게 심어 줄 여지가 있기 때문이다. 그런데 B회사 등은 위와 같이 논란을 야기할 수 있는 장면들을 별다른 근거 없이 임으로 제작한 것으로 보인다.

4) 영화 〈실미도〉의 자막

예술의 자유를 보장하고 있는 헌법취지에 비추어 볼 때, 역사적 사실을 토대로 한 상업영화를 제작함에 있어서 영화제작진이 상업적 흥행성이나 관객들의 감동 등을 고양하기 위하여 역사적 사실을 각색하는 것은 어느 정도 용인되어야 하기 때문에, 그 모델이 된 인물의 인격권이 침해되었는지 여부를 판단함에 있어서 영화제작자가 본 영화에 부가하여 상영되는 자막에 이러한 각색 사실을 분명하게 명시하여 영화의 내용이 실제 사실관계와 다르다는 점을 용이하게 인식하도록 하는 등 영화 내용을 실제상황과 혼동하는 것을 효과적으로 방지할 수 있는 적절한 조치를 취하였는지 여부까지도 반드시 검토해야 할 것이다.

– 원자막

영화 〈실미도〉는 1968년에 창설된 실미도 684부대에 관한 영화이며, 영화 속 훈련병들의 출신성분이나 상황설정이 과거 혹은 현재의 다른 북파공작부대와 북파공작원과는 무관함을 알려 드립니다.

– 추가자막

영화 〈실미도〉는 1968년에 창설되어 실재하였던 실미도 684부대를 소재로 한 영화입니다. 이 영화 제작 당시 관련자료 부족과 공식적인 정보 공개의 부재 등을 이유로 영화의 구체적인 상황설정이나 표현은 문학적 상상력에 의존하였습니다. 따라서 훈련병들과 기간병들에 대한 출신성분, 훈련과정 기타 상황설정 중에 역사적 사실과 다른 부분이 있을 수 있습니다(또한 684부대는 다른 북파공작부대와 그 소속 북파공작원과는 무관합니다). 특히 이 영화 상영 이후 언론 등을 통해 훈련병들의 인적사항 및 이들 중에 순수한 민간인이 다수 참여한 사실들이 밝혀지고 있음을 알려드리며 저희는 앞으로도 숨겨져 있던 실미도 사건에 대한 진실이 더욱 더 밝혀지기를 간절히 기원합니다. 이 영화가 나라를 위해 목숨을 바치고 헌신했던 관련자 여러분 및 유가족들에게 작은 위안이 되기를 충심으로 고대합니다.

원자막의 경우 684부대 훈련병들의 출신성분 등이 다른 북파공작부대의 경우와 다르다는 내용일 뿐, 〈실미도〉의 내용 자체가 684부대에 관련된 실제 사실관계와 다르다는 취지가 아니기 때문에, 양자의 차이점에 관하여 일반인의 주의를 환기하는 내용이라고 볼 수 없다.

그러나 추가자막의 경우, 그 일부 표현이 적절하다고 보기는 어렵지만(예컨대, 영화 〈실미도〉 이후에 비로소 민간인 모집사례가 밝혀지고 있다는 부분 등), 〈실미도〉의 구체적인 상황설정이나 표현 등이 문학적 상상력에 기초하고 있다는 점, 684부대의 훈련병들 가운데 다수가 민간인 모집 방식에 의하여 충원되었다는 점, 훈련병들의 출신성분, 훈련과정 기타 상황설정 중에 역사적 사실과 다른 부분이 있을 수 있다는 점 등을 명시하고 있다는 측면에서 일반관객으로 하여금 〈실미도〉의 내용과 실제 사실관계를 혼동하지 않도록 억제하는 역할을 어느 정도 할수 있다고 봄이 상당하다.

5) 소결 : 이 부분 가처분 신청은 기각한다.

영화 〈실미도〉 가운데 684부대 훈련병들의 출신성분 내지 모집 경위에 관한 장면이나 적기가 관련 장면 등의 경우, 역사적 사실에 배치되는 묘사를 함으로써 훈련병들 내지 그 유가족들의 인격권을 침해하였다고 볼 여지는 있다. 그러나 〈실미도〉가 다큐멘터리가 아니라 허구에 기초한 단순한 상업 영화라는 점에서, 〈실미도〉 자체의 상영금지 내지 그 영화 내용에 관한 직접적인 수정을 구하고 있는 가처분 신청 부분을 인용하는 것은 신중을 기해야 할 것이다.

특히 B회사 등이 이 사건의 진행 도중에 제작한 DVD 및 비디오테이프에 삽입한 추가자막의 경우, 비록 그 일부 표현에 부적절한 부분이 있기는 하지만, 훈련병들의 출신성분, 훈련과정 기타 상황설정 중에 역사적 사실과 다른 부분이 있을 수 있다는 점을 명시하는 등 일반 관객의 혼동가능성을 실질적으로 감소시키는 기능을 하고 있기 때문에, 현 단계에서 가처분 결정을 할 만큼 충분한 소명이 되었다고 보기는 어렵다.

따라서 영화 〈실미도〉 가운데 실미도 사건에 관한 역사적 사실과 배치되는 영화장면으로 인하여 훈련병들 및 그 유가족들의 인격권이 침해되었다는 점을 근거로 하는 A 등의 가처분신청부분은 받아들이지 않는다.

■ 영화 〈실미도〉의 광고·홍보에 의한 인격권 침해 등(O)

1) 광고·홍보의 구체적인 내용

〈실미도〉에는 실미도 사건에 관한 역사적 사실에 배치되는 묘사를 함으로써 훈련병들 및 유가족들의 인격권을 침해한다고 볼 수 있는 장면들이 상당수 존재함에도 불구하고, B회사 등은 공식홈페이지, 영화선전물, 신문광고, DVD세트 및 비디오테이프 등에서 영화 내용이 역사적 진실을 재현하고 있다는 식의 광고·홍보활동을 계속하여 왔다.

2) 영화의 내용과 이에 관한 광고·홍보와의 차이점 등

광고·홍보의 내용이 표현 자유의 보호 대상이 되는 〈실미도〉의 구성부분이 된다고 볼 수 없음은 분명하다. 그리고 ① 실제 사실관계와 부합하지 아니하는 상업 영화의 각 장면들로 인하여 피해자의 인격권 등이 침해되는지 여부와 ② 위와 같은 영화 내용이 실제상황을 그대로 재현하고 있다는 식의 광고를 함으로써 피해자의 인격권 등이 침해되는지 여부는 완전히 별개의 차원의 문제로서, 위 ②와 같은 상업적 광고의 경우에는 최소한 실제 사실관계에 배치되는 영화 내용이 마치 진실인 것처럼 적극적으로 홍보하는 상업적 광고에 대해서까지 헌법 제21조가 보장하는 표현의 자유에 근거하여 보호된다고 볼 수는 없다.

3) 소결 : 이 부분 가처분 신청은 인용한다.

영화 〈실미도〉 가운데 684부대 훈련병들의 모집 경위에 관한 장면 등의 경우 역사적 사실에 배치되는 묘사를 함으로써 훈련병들 및 유가족들의 인격권을 침해하고 있다고 볼 여지가 있음에도 불구하고, B회사 등은 〈실미도〉를 국내 영화관에서 개봉할 무렵부터 현재까지 그 공식홈페이지, DVD 세트의 첨부물, 영화선전물 등에 ① 허구임을 전제로 하는 'Movie 또는 Synopsis'의 항목과 완전히 구분되는 ② '신문 또는 About Fact'라는 별도의 항목에 〈실미도〉의 소재인 실미도 사건에 관하여 비교적 상세하게 설명하는 독특한 광고·홍보방식을 채택하였다.

위와 같은 광고·홍보는 일반인으로 하여금 〈실미도〉의 내용 가운데 최소한 위 ②항목에 기재된 내용과 관련되는 부분만큼은 역사적 진실 그대로 제작된 것으로 인식하도록 적극적으로 유도하는 결과를 가져오기 때문에, B회사 등이 위 ②항목에 관한 기술에 있어서, 신빙성 있는 확실한 자료에 근거하지 않고 임의로 역사적 사실에 배치되는 내용을 기재하는 것은 훈련병들 내지 그 유가족들의 인격권에 대한 중대한 침해가 되는 것으로서 허용될 수 없다.

그리고 이를 토대로 하여 B회사 등이 신문광고, DVD 세트의 첨부물, 비디오테이프의 겉포장 등과 같은 개별 선전매체들을 통하여 〈실미도〉의 내용이 마치 역사적 진실을 그대로 형상화한 것처럼 적극적으로 홍보·광고하는 것도 일반인으로 하여금 〈실미도〉의 내용 가운데 위 ②항목에 포함된 기재내용과 관련되는 부분 등이 역사적 진실 그대로 제작된 것으로 인식하도록 유도하는 결과를 야기하기 때문에, 이러한 광고·홍보 역시 허용될 수 없다고 보아야 한다.

평석

이 사건에서 법원은 영화 〈실미도〉로 인한 훈련병들 및 그 유가족이 인격권을 침해당했는지에 대해 크게 영화 내용과 영화 광고·홍보 부분으로 나누어서, 헌법상 표현의 자유가 용인되는 폭이 상대적으로 넓은 영화 내용과 관련해서는 이 사건 가처분 신청을 받아들이지 않았고, 표현의 자유가 용인되는 폭이 상대적으로 좁은 영화 광고·홍보와 관련해서는 이 사건 가처분 신청을 받아들였다.

2) 한편, 사람은 죽은 후에도 자신의 인격적 가치에 대한 중대한 왜곡으로부터 보호되어야만 살아 있는 동안의 인간으로서의 존엄과 가치를 진정으로 보장받는 것이므로, 사자(死者)의 인격적 법익에 대한 침해가 있는 경우에는 그 유족이 그 침해행위의 금지를 구할 수 있다. 다만 재산상속이 사망 시를 기준으로 개시되는 이상 손해배상을 청구할 수는 없다. 그러나 사자의 인격적 법익이 침해됨으로써 그 유족의 명예, 명예감정 또는 유족의 사자에 대한 경애, 추모의 정 등이 침해된 경우에는 사자의 인격적 법익의 침해와는 별도

로 유족 자신의 인격적 법익의 침해를 이유로 그 침해행위의 금지와 손해배상을 청구할 수 있다.

위와 같은 인격적 법익에 대한 침해는 신문기사나 뉴스보도와 같은 객관적인 사실 전달행위 뿐만 아니라 영화나 소설과 같은 주관적인 창작적 표현행위에 의하여서도 가능하고, 직접적으로 구체적 사실을 적시하는 표현행위 뿐만 아니라 간접적이고 우회적인 표현에 의하여서도, 그것이 표현의 전 취지에 비추어 어떠한 사실을 암시하거나 견해를 표명함으로써 인물에 대한 사회적 평가 등을 저하시키거나 사생활의 비밀 등을 침해하면 가능하다.

특히 역사적 인물과 사건을 소재로 하여 극 가운데 인물과 이야기를 창출한 경우, 독자나 관객에게 흥미와 감동을 주기 위하여 부여한 현실감 있는 표현으로 인해, 합리적인 독자나 관객이라도 창작된 극 중의 허구를 실제 있었던 사건이나 실제 인물의 모습으로 오인할 가능성이 있고, 이와 같이 허구와 진실의 경계가 불분명하여 혼동을 야기하는 장면이 일반인의 관용성과 감각에 비추어 사람의 인격적 가치에 대한 부정적인 평가를 야기할 내용을 담고 있거나 공개하고 싶어 하지 아니할 사적인 생활영역을 표현한 것이라면, 그 표현으로 인해 실존 인물에 대한 사회적 평가가 저하되고 사생활의 비밀 등이 침해됨으로써 실존 인물의 인격적 법익이 침해된다 할 것이고, 그 실존 인물이 사망한 경우에는 그 유족의 인격적 법익이 침해될 수 있는 것이다.

나아가 실존 인물과 사건이 작품 속에서 완전한 허구로서 승화되어 그 작품 속에서 실존 인물의 존재를 찾기 어려운 경우에는 실존 인물의 인격적 법익이 침해될 여지가 없다 하겠으나, 관객의 입장에서 허구임을 인식할 수 있어도 완전히 허구로 승화되지 못하여 그 표현 안에서 실존 인물의 존재가 느껴질 때에는, 아무리 합리적인 독자나 관객의 입장에서 보아 극 가운데 허구와 진실을 혼동할 가능성이 희박한 경우라 하여도, 허구의 표현 자체가 실존 인물의 인격적 법익을 침해하는 내용을 담고 있다면, 그 표현으로 인해 실존 인물과 그 유족의 인격적 법익이 침해될 수 있는 것이다.[52]

또한 사자에 관한 사실은 세월의 흐름에 따라 역사적 사실이 되는 것이므로, 역사적 사실에 대한 학문적·예술적 탐구와 표현은 그로 인한 가치가 이미 시간의 경과로 세인의 기억 속에서 잊혀져가는 역사적 인물의 인격적 법익을 보호함으로써 달성되는 가치보다 소중한 것으로 배려되어야 할 것이다. 특히 역사적으로 중요한 인물의 경우에는 더욱 그 인물에 대한 탐구와 평가의 자유가 보장되어야 한다. 따라서 역사적으로 중요한 사자의 정치적·사회적 행적과 그와 관련된 생활상 등을 표현한 경우에는 사자의 인격적 법익을 중대하게 침해한 경우에 한하여 그 표현을 금지할 수 있다 봄이 상당하다.

---

52) 서울중앙지방법원 2006. 8. 10. 선고 2005가합16572 판결

영화 〈그때 그 사람들〉 사건[53]

A는 영화 〈그때 그 사람들〉의 영화제작사인 B회사가 영화 내용 가운데 특정 장면에서 허위의 사실을 표현하여 고인(박정희)의 인격적 법익을 침해함은 물론 유족인 A의 인격적 법익도 침해했다고 주장하면서, 영화의 상영 및 배포 등의 금지와 고인과 A가 입은 정신적 손해에 대한 위자료의 지급을 청구했다.

■ 영화의 전체적 구성

– 제1장면

'이 영화는 실제 있었던 사건을 모티브로 하고 있습니다. 그러나 이야기의 세부사항과 등장인물의 심리 묘사는 모두 픽션입니다' 라는 자막이 나온 다음, 부마민주항쟁 장면이 다큐멘터리로 상영되면서 "박정희, 그가 군사 쿠데타 이후 18년째 정권을 유지해 오던 1979년 가을, 부산과 마산에서는 학생과 시민들의 뜻밖의 대규모 시위가 있었습니다. 폭압적인 정권에 저항하며 민주화를 요구했지만, 박정희 정권은 군대를 동원해 이를 간단히 진압해 버렸습니다. 질식할 것만 같은 거짓 평온이 흐르고, 시민들은 한껏 웅크리고 살아갈 수밖에 없었습니다. 그러던 어느 날, 뜬금없게도, 박정희는

53) 서울중앙지방법원 2006. 8. 10. 2005가합16572 판결

총에 맞습니다"라는 내레이션 삽입

– 제2~118장면
사건 당일 관련 인물들의 행적을 그린 극화 장면

– 제119장면
사건 수습 과정과 총격 가담 인물들의 행적을 극화한 장면
과 그 행적들을 설명한 내레이션이 이어진 후, 무지 화면에
김수환 전 추기경의 조사가 흐름

– 제120장면
조문객, 장례행렬, 눈물을 흘리는 시민들의 모습을 담은 장
례식 다큐멘터리

■ 고인(박정희)의 인격적 법익에 대한 침해와 그 구제

1) 고인의 인격적 법익에 대한 침해(O)

① 제62장면(궁정동 별관 만찬장)

각하(대통령. 이하 극중 용어인 '각하'라고 함)가 가슴에 총탄을 맞은
후 자신을 일으킨 김부장에게 "김부장, 또 쏠라꼬? 한 방
묵었다 아이가"라고 말하는 장면은, 실제 가슴에 총탄을 맞
은 사람이 할 법하지 않은 희화적인 대사이고, 2001년 흥행
신기록을 달성했던 〈친구〉라는 영화에 나온 대사를 패러디

한 것이다. 완전한 허구로 승화된 이 장면을 두고 합리적인 관객이 고인의 실제 모습이라고 오인할 여지는 전혀 없을 것이므로, 위 표현 자체만으로는 고인의 인격적 법익을 침해하였다고 할 수 없다.

② 그 이외 문제가 되는 장면들(이하 '이 사건 특정 장면'이라고 함)

이 사건 특정 장면 가운데 위 제62장면을 제외한 나머지 장면들(이하 '이 사건 침해 장면'이라 함)은 직접적으로 고인의 인격적 가치에 대한 사회적 평가를 저하시키는 표현을 사용하지는 않지만, 간접적·우회적·비유적·상징적인 표현을 사용함으로써 고인의 인격적 가치에 대한 사회적 평가를 저하시키는 등 고인의 인격적 법익을 침해하였다 할 것이다.

a) 각하가 여색을 탐하고, 일본문화에 대한 향수를 갖고 있으며, 측근들과 일본어로 대화하고, 국비를 사적으로 유용하였다는 점을 적시하고 있는 장면들

가) 영화 〈그때 그 사람들〉에서 묘사된 각하의 모습을 실제 고인의 모습으로 인식할 가능성(○)

① 일부 대사나 배경화면이 그 시대 및 관련 인물의 실제 모습과 다름에도 불구하고 전체적으로 매우 사실적으로 표현되어 있는 점, ② 합리적인 관객이라도 그 세부 내용이 허구일지언정 근거자료를 통해 추론 가능한 범위 내의 사실 표현

238

일 것이라고 인식할 수 있는 점, ③ 이 사건 영화는 장르 구분상 블랙코미디에 속하는 영화로서 등장인물들의 비참하고 어처구니없는 상황을 통해 인생의 부조리함과 덧없음을 느끼게 함으로써 인간 존재에 대한 진지한 탐구가 필요하다는 메시지를 전달하고 있는 점, ④ 고인의 사망 사건을 중심으로 사건 당일의 이야기를 하고 있어 극 가운데 각하라는 인물과 그 역할이 극의 전개에 있어 필수적인 점, ⑤ 이 사건 영화에 대한 상영금지가처분 신청을 하기 이전부터 〈그때 그 사람들〉에 대한 홍보, 시사회 이후 관련 기사 등이 그 시대에 대한 제작자 측의 역사적 시각과 평가이고, 표현을 감행한 용기라는 측면에 두고 있는 점 등을 종합하면, 합리적인 관객이라도 위 장면들에서 묘사된 각하의 모습을 실제 고인의 모습으로 인식할 가능성을 전혀 배제할 수 없다.

나) 위 장면들로 고인의 인격적 법익이 침해되었는지(O)

대한민국 대통령이라는 지위에 있는 고인이 아무리 일제 강점기에 청년기를 지냈다 해도 그 시대 사람들이 일상적으로 사용하는 수준의 일본식 용어를 사용하는 정도를 벗어나 국정 수행 가운데 또는 집무실에서 일본어로 측근들과 대화를 하고, 국가인력과 자금을 동원하여 유흥을 즐기며, 사적으로 공적 자금을 사용한 부패한 권력자일 뿐 아니라, 사생활에 있어서도 문란한 사람이었다는 인상을 줌으로써, 실제 고인의 생활상이 위와 같았는지 여부를 불문하고, 통상적인 도덕관념, 역사의식, 민족의식을 갖고 있는 대한민국 관객들에게 고인의 도덕관념, 국가 원수로서의 자질과 그의 역사의식에 대한 회의를 갖도록 유도한다 할 것이므로, B회사는 위와 같은 장면을 통해 고인의 인격적 가치에 대한 사회적 평가를 저하시켰다 할 것이다.

b) 이 사건 침해 장면 가운데 김부장이 각하의 머리채를 잡고 일제
   강점기 창씨명을 부른 뒤 '누구라도 죽으면 썩은 내 피우는 쓰레
   기에 불과하다' 는 말을 하는 장면

위 대사 부분은 그 자체만 놓고 보면 인간의 죽음에 대한 성찰을 담고 있는 철학적 표현이라 할 수 있고, 반드시 죽음에 대하여 미화하는 표현만 허용되는 것은 아니라 하더라도, 위 대사를 포함한 위 장면은 고인을 특정하여 대한민국 국민이 그의 죽음에 대해 그토록 슬퍼하고 그를 추억할 필요가 없다는 평가를 담고 있다 할 것이고, 이러한 표현 의도는 〈그때 그 사람들〉의 마지막에 다큐멘터리로 된 고인의 장례식 행렬에서 오열하는 시민들의 실제 모습을 보여 줌으로써 더욱 부각된다 할 것이다.

그렇다면 실제 김재규가 고인을 총격할 당시 위와 같은 말을 하였는지 여부, 관객들이 위 장면을 실제 사건에서 존재한 내용으로 인식하는지 여부를 불문하고, 위 장면은 그 표현의 전체적인 취지에 비추어 고인의 죽음을 부패하여 더러운 쓰레기에 비유하여 대중 앞에 공표함으로써, 고인이 그 지위와 자신에 대한 역사적 평가를 떠나 한 인간으로서 당연히

보장받아야 할 인격적 법익 즉, 생존 시 또는 사후에 자신의 죽음의 가치와 그 경건성에 대해 갖는 기대라는 인격적 법익을 침해하였다 할 것이다.

c) 국무위원들이 나체의 시신을 가운데 두고 대화, 묵념하는 장면, 그 와중에 누군가 시신의 성기 부분에 모자를 올려놓는 장면

위 장면은 고인의 사망 후 국정 수습 과정을 매우 희화적으로 표현함으로써 당시 위정자들의 모습을 풍자한 표현이어서, 관객이 위 장면을 두고 실제 상황으로 오인할 가능성은 희박하다 하더라도, 그 희화화 과정에서 고인으로 특정되는 시신을 나체로 드러낸 다음 성기 부분에 모자를 올려놓음으로써, 고인의 생전 행적에 대한 부정적 평가와 그 죽음에 대한 냉소적 시각을 드러내는 것에서 더 나아가 고인의 시신 자체를 희화화하여, 인간이 자신의 시신에 대해 갖는 경건함, 그 경건한 처리에 대한 기대라는 인격적 법익을 침해하였다 할 것이다.

2) 고인의 인격적 법익 침해를 이유로 한 손해배상 및 영화 상영 금지 여부

① 손해배상청구(X)

재산상속이 사망 시를 기준으로 개시되는 이상, 고인의 인격적 법익에 대한 침해를 이유로 한 손해배상청구는 이유 없다.

② 영화 상영 등 침해행위의 금지(X)

고인의 역사적 특수성, 〈그때 그 사람들〉이 다룬 사건의 역사적 특수성, 영화라는 표현물이 갖는 특수성, 〈그때 그 사람들〉의 특수성을 종합하여 볼 때, 〈그때 그 사람들〉로 인한 고인의 인격적 법익에 대한 침해는 상영 등을 금지해야 할 정도로 중대·명백하지는 않다 할 것이다.

■ A의 인격적 법익에 대한 침해와 그 구제 여부

1) A의 인격적 법익에 대한 침해 여부

① 〈그때 그 사람들〉의 장면 자체를 통해 A의 인격적 법익이 침해되는지(X)

〈그때 그 사람들〉의 마지막 고인의 장례식 다큐멘터리 장면에 그 당시 A의 실제 모습이 등장하는 사실을 인정할 수 있으나, 위 장면 자체는 A의 인격적 법익에 대한 어떠한 침해적 요소도 갖고 있지 않을 뿐 아니라 〈그때 그 사람들〉 가운데 위 장면 외에는 A를 특정한 표현이 없다.

A는 고인과 별개의 인격체로서 사회 일반인의 관념상 고인과 동일시되지 않으므로, 고인의 인격적 법익의 침해로 인해 그 유족인 A에 대한 사회적 평가마저 저하되거나 A가 자기 자신에 대해 갖는 명예감정이 손상되었다고 볼 수 없고, 더

욱이 이 사건 침해 장면으로 인해 일반인이 A에 대해 왜곡된 인상을 갖게 된다거나 A의 사생활의 비밀이 침해된다고 볼 수도 없다 할 것이다.

② 〈그때 그 사람들〉로 인해 고인의 인격적 법익이 침해됨으로써 그 결과 유족인 A의 인격적 법익이 침해되는지(O)

유족인 A가 아버지인 고인에 대하여 갖는 경애, 추모의 정은 A 자신의 명예, 명예감정 등과는 별개의 인격적 법익으로서 보호되어야 할 것인데, B회사는 〈그때 그 사람들〉를 통해 그 적시한 사실의 진실성 여부를 불문하고 관객들에게 A의 아버지인 고인이 국가원수로서의 품위, 도덕관념, 역사의식을 갖추지 못한 사람이라는 인상을 불러 일으켜 고인의 인격적 가치에 대한 사회적 평가를 저하시키고, 고인의 죽음이 갖는 역사적 가치를 폄하할 뿐 아니라, 사망의 과정과 시신을 희화화함으로써 고인의 죽음과 시신이 갖는 경건성을 침해하여, A의 고인에 대한 경애, 추모의 정을 손상시켰다 할 것이다.

2) A의 고인에 대한 경애, 추모의 정의 침해를 이유로 한 구제(손해배상만 인정)

A는 고도의 공인성과 역사성을 갖춘 고인의 유족으로서 A 자신도 고인의 공인성과 역사성으로부터 완전히 자유로울 수 없다 할 것이므로, 고인이 학문적으로나 예술적으로 표

현과 평가의 대상이 되는 것을 감수할 수밖에 없고, 여기에다가 앞서 본 〈그때 그 사람들〉이 다룬 사건의 역사적 특수성, 영화라는 표현물이 갖는 특수성, 이 사건 영화의 특수성을 더해 보면, 〈그때 그 사람들〉로 인해 A의 고인에 대한 경애, 추모의 정이 침해된 정도가 이 사건 영화의 상영 등을 금지하지 않고서는 회복될 수 없을 정도에 이르지는 않았으나, A가 고인의 유족으로서 감수해야 할 범위 내에 있다고 볼 수도 없으므로, B회사는 A가 입은 정신적 손해를 금전으로나마 위자할 의무가 있다 할 것이다.

평 석

영화 〈그때 그 사람들〉에 대한 영화상영 등 금지 가처분 신청사건을 통해 다큐멘터리로 구성된 제1장면과 제120장면은 삭제가 되어 무지화면으로 처리되었고, 이러한 가처분 사건의 본안 사건으로서 이 사건 영화 상영금지 및 손해배상 청구 소송이 제기된 것이다. 이 사건에서 법원은 〈그때 그 사람들〉과 관련하여, ① 고인의 인격적 법익 침해와 그 구제 및 ② 고인의 유족인 A의 인격적 법익 침해와 그 구제, 이 두 가지로 나누어서 각각에 따른 손해배상 여부와 상영 금지 여부 등에 대해 판단하였다.

① 고인의 인격적 법익 침해와 그 구제에 대해서는 이를 인정하였으나, 재산상속이 사망 시를 기준으로 개시되기 때문에 이에 대한 손해배상을 청구할 수는 없는 것이고, 또한 고

인의 역사적 특수성, 〈그때 그 사람들〉이 다룬 사건의 역사적 특수성, 영화라는 표현물이 갖는 특수성, 〈그때 그 사람들〉의 특수성 등을 종합할 때, 비록 〈그때 그 사람들〉로 인해 고인의 인격적 법익 침해가 인정되더라도 그러한 침해가 〈그때 그 사람들〉의 상영 등을 금지해야 할 정도로 중대·명백하지는 않다고 판단함으로써, 고인의 인격적 법익 침해에 대해서는 그 손해배상과 상영금지 등에 대한 청구를 받아들이지 않았다.

다음으로 ② A의 인격적 법익 침해와 그 구제에 대해서는 A의 고인에 대한 경애, 추모의 정의 침해에 따른 정신적 손해배상에 대해서는 이를 인정하였으나, 그것을 이유로 한 상영금지 등의 청구에 대해서는 받아들이지 않았다.

2 드라마의 경우

역사드라마가 근거 없이 역사적 사실을 왜곡하는 등의 방법으로 그 소재로 된 역사적 인물의 명예를 훼손하거나 인격권을 침해한 때에는 그 유족이 자신의 명예 또는 망인에 대한 경애, 추모 감정 등의 침해를 이유로 손해배상뿐만 아니라 해당 드라마의 방영금지 등을 구할 수 있다. 이때 역사드라마가 역사적 인물의 명예를 훼손할 수 있는 허위사실을 적시하였는지 여부를 판단함에 있어서는, 예술적 표현의 자유로 얻어지는 가치와 인격권의 보호에 의해 달성되는 가치의 이익형량은 물론 역사드라마의 창작물로서의 특성에 따르는 여러 사정과 드라마의 주된 제작 목적, 드라마에 등장하는 역사적 인물과 사건이 이야기의 중심인지 아니면 배경인지 여부, 실존인물에 의한 역사적 사실과 가상인물에 의한 허구적 이야기가 드라마 내에서 차지하는 비중, 드라마상에서 실존인물과 가상인물이 결합된 구조와 방식, 묘사된 사실이 이야기 전개상 상당한 정도 허구로 승화되어 시청자의 입장에서 그것이 실제로 일어난 역사적 사실로 오해되지 않을 정도에 이른 것으로 볼 수 있는지 여부 등이 종합적으로 고려되어야 한다.[54]

또한 드라마의 제작에 있어 갈등구조의 구현을 위하여 역사적 사실과 비교하여 일부 가감을 두는 것은 원칙적으로 창작자의 표현과 예술의 자유 범위 내 활동으로 허용되어야 할 것이고, 또한 근래에 방영되는 사극 형태의 드라마들이 역사적 사건에 작가의 상상력을 보태어 새로운 이야기를 풀어나가는 형식을 취하고 있음은 널리 알려져 있기도 하므로, 이러한 점 또한 역사드라마가 해당 역사적 인물의 명예를 훼손하는지 여부를 판단하는 데에 고려 요소가 될 수 있다.[55]

---

54) 대법원 2010. 6. 10. 선고 2010다8341, 8358 판결 등 참조
55) 서울남부지방법원 2010. 8. 6. 2010카합601 결정

조선 16대 왕인 인조의 다섯 번째 아들로서 조선 후기의 왕족인 전주이씨 숭선군 이정(이하 '숭선군'이라 함)을 공동선조로 하는 후손들로 조직된 종중인 A종중이 조선의 왕인 인조와 그 후궁인 소용 조씨를 둘러싼 궁중 암투, 비화 등을 주된 내용으로 하는 드라마 〈궁중잔혹사-꽃들의 전쟁〉을 방영한 JTBC 등을 상대로, 숭선군이 인조의 친자가 아니라 천민의 자식인 것처럼 묘사하여 숭선군의 명예를 훼손함으로써 숭선군을 선조로 하는 A종중의 인격권을 침해하였다는 이유로 〈궁중잔혹사-꽃들의 전쟁〉의 방영 등 금지 가처분을 신청한 사안

■ 드라마 〈궁중잔혹사-꽃들의 전쟁〉으로 인해 A종중의 인격권이 침해되었다고 할 수 있는지(X)

① 〈궁중잔혹사-꽃들의 전쟁〉에는 역사적 실존 인물이 등장하기는 하지만 정사(正史)에 따라 역사적 사건의 외적 현실을 재서술하는 방식이 아니라 작가의 허구적 상상력에 중점을 두고 궁중의 비화, 암투를 중심으로 이야기를 전개하는 방식을 택하고 있는 점, ② 소용 조씨의 연인 남혁과 같은 허구적 인물이 등장할 뿐만 아니라, 여러 허구적 장치들이

---

56) 서울중앙지방법원 2013. 10. 28. 2013카합1797 결정

이야기 전개에 사용되고 있는 점, ③ 전개 방식, 기획 의도 등에 비추어 볼 때 합리적인 시청자라면 〈궁중잔혹사-꽃들의 전쟁〉가 역사적 사실의 서술을 주로 하는 기록물이 아닌 허구적 상상력을 중심으로 이야기를 전개하는 드라마임을 당연한 전제로 이를 시청할 것으로 보이는 점, ④ JTBC 등은 〈궁중잔혹사-꽃들의 전쟁〉의 제41, 43, 44, 46회분 방송에서 숭선군의 출생과 관련된 내용은 역사적 사실과 다르게 표현된 드라마적 창작임을 밝히면서 A종중에 사과하는 내용의 자막을 방영하였던 점, ⑤ 〈궁중잔혹사-꽃들의 전쟁〉 제49회분 방송에서 숭선군이 사실은 인조의 친자였다는 내막이 밝혀지는 방식으로 이야기의 전개가 이루어지기도 하였던 점, ⑥ A종중은 숭선군을 공동선조로 하는 후손들로 조직된 종중이기는 하나 설령 〈궁중잔혹사-꽃들의 전쟁〉으로 인해 숭선군의 명예가 훼손되었다고 하더라도 숭선군의 사망으로부터 300년이 넘게 지난 현재의 시점에서 그 후손들인 A종중 종원들의 망인(숭선군)에 대한 경애, 추모 감정 등이 과도하게 훼손되었다고 보기는 어려운 점 등을 종합하여 볼 때, 〈궁중잔혹사-꽃들의 전쟁〉의 제작·방영에 의하여 보호되는 JTBC 등의 헌법상 언론·출판의 자유 또는 예술의 자유와의 이익형량 결과 〈궁중잔혹사-꽃들의 전쟁〉의 제작·방영 등으로 인해 A종중의 인격권이 침해되었다고 단정하기 어렵다.

드라마 〈김수로〉 사건[57]

김수로 대왕의 후손들로 구성된 조직된 A종친회가 가락국 시조 대왕 김수로의 출생 및 성장과정, 허황옥 왕후의 출생 및 도래 과정 등을 주된 내용으로 하는 드라마 〈김수로〉를 방영한 문화방송을 상대로, 역사적 사실을 왜곡하여 방영함으로써 A중친회의 명예를 훼손하였다는 이유로, 〈김수로〉의 방영 등 금지 가처분을 신청한 사안

■ 드라마 〈김수로〉로 인해 A종중의 법익이 침해되었는지(X)

〈김수로〉는 서기 48년경 무렵의 시대를 배경으로 하고 있어서 그 배경이나 사건 등을 그대로 고증 및 재현하기에는 어렵다.이 있는 점 등을 감안하면, 〈김수로〉가 역사적 사실을 구현함에 있어 다소 오류가 있다고 하더라도 그로 인하여 김수로 대왕의 후손들에게 어떠한 직접적이고 중대한 법익의 침해가 있다고 보기 어렵다.

---

57) 서울남부지방법원 2010. 8. 6. 2010카합601 결정

PART

09

· · · · · ·

성명·초상권 등과
퍼블리시티권

개 요

연예인이나 스포츠 스타 등 유명인들의 초상이나 성명 등
이 제품광고 등 영리목적으로 무단 이용되는 경우를 종종
볼 수 있다. 이 경우 유명인들은 자신들의 퍼블리시티권 및
초상·성명권 등이 침해되었다는 이유로 손해배상 청구소송
등을 제기하기도 하는데, 퍼블리시티권이나 초상·성명권 등
은 저작권과는 달리 그 무단 이용을 처벌하는 형사 법률이
별도로 존재하지 않기 때문에 이는 순수한 민사적인 문제로
해결될 수밖에 없다.

초상·성명권 등 인격권에 기초를 둔 권리는 일반인들을 포
함한 모든 인격적 주체가 누릴 수 있는 권리인데 반해, 재산
권적인 권리인 퍼블리시티권은 보통 유명인들이 가지는 권리
이다. 따라서 이하에서는 성명 또는 초상 등과 관련하여 인
격권적인 권리와 재산권적인 권리 모두를 가질 수 있는 유명
인들을 중심으로 위와 같은 권리와 그 침해 여부에 관해 살
펴보도록 하겠다.

12

성명·초상권 등

(1) 의의

헌법 제10조는 '모든 국민은 인간으로서의 존엄과 가치를 가지며, 행복을 추구할 권리를 가진다. 국가는 개인이 가지는 불가침의 기본적 인권을 확인하고 이를 보장할 의무를 진다'라고 규정하여 모든 기본권을 보장의 종국적 목적(기본 이념)이라 할 수 있는 인간의 본질이며 고유한 가치인 개인의 인격권과 행복추구권을 보장하고 있다.[58]

일반적으로 인격권이라 함은 권리주체와 분리될 수 없는 인격적 이익, 즉 생명, 신체, 건강, 명예, 정조, 성명, 초상, 사생활의 비밀과 자유 등의 향유를 내용으로 하는 권리를 말한다. 사람의 성명, 초상 등은 한 개인의 인격적 상징이므로 당해 개인은 인격권에서 유래하는 성명, 초상 등을 함부로 이용당하지 않을 권리를 가진다.

---

58) 헌법재판소 1990. 9. 10. 선고 89헌마82 전원재판부 결정

헌법상의 기본권은 1차적으로 개인의 자유로운 영역을 공권력의 침해로부터 보호하기 위한 방어적 권리이지만 다른 한편으로 헌법의 기본적인 결단인 객관적인 가치질서를 구체화한 것으로서, 사법을 포함한 모든 법 영역에 그 영향을 미치는 것이므로 사인간의 법률관계도 헌법상의 기본권 규정에 적합하게 규율되어야 한다. 다만 기본권 규정은 그 성질상 사법관계에 직접 적용될 수 있는 예외적인 것을 제외하고는 사법상의 일반원칙을 규정한 민법 제2조, 제103조, 제750조, 제751조 등의 내용을 형성하고 그 해석 기준이 되어 간접적으로 사법관계에 효력을 미치게 된다.[59)]

앞서 본 바와 같은 일반적 인격권을 정하고 있는 헌법상 기본권 규정 역시 민법의 일반규정 등을 통하여 사법상 인격적 법익의 보장이라는 형태로 구체화될 것이다. 그러므로 개인의 허락이나 동의 없이 자신의 성명이 제3자에 의하여 이용당한 것이 그 개인의 인격적 법익을 침해하는 것으로 평가할 수 있다면 위법성이 인정된다고 볼 것이고, 그 개인은 위와 같은 인격적 법익을 침해하여 정신적 고통을 가한 자에 대하여 위자료 청구권을 가진다고 할 것이다.[60)]

59) 대법원 2010. 4. 22. 선고 2008다38288 전원합의체 판결
60) 수원지방법원 성남지원 2014. 1. 22. 선고 2013가합201390 판결

(2) 유명인의 성명·초상권 침해에 관하여

일반인이 아닌 연예인 등 유명인의 경우는 위와 같은 일반론이 다소 수정될 필요가 있다. 즉, 헌법상 인격권 또한 민법의 일반규정 등을 통하여 사법적으로 보장되므로 개인의 동의 없이 성명이 이용됨으로써 개인의 인격적 법익이 위법하게 침해된 것으로 평가할 수 있다면, 개인은 인격적 법익을 침해한 자에 대하여 정신적 고통에 대한 손해배상을 청구할 수 있다.

그러나 연예인 등의 직업을 선택한 사람은 직업의 특성상 자신의 성명과 초상이 대중 앞에 공개되는 것을 포괄적으로 허락한 것이므로 위와 같은 인격적 이익의 보호 범위는 일반인에 비하여 제한된다. 그러므로 연예인 등이 자기의 성명과 초상이 권한 없이 사용됨으로써 정신적 고통을 입었다는 이유로 손해배상을 청구하기 위해서는 그 사용이 방법, 태양, 목적 등에 비추어 연예인 등에 대한 평가, 명성, 인상을 훼손·저하시키는 경우이거나 그 밖에 자신의 성명과 초상이 상품선전 등에 이용됨으로써 정신적 고통을 입었다고 인정될 만한 특별한 사정이 존재해야 한다.[61]

이와 같이 성명·초상 등에 고객흡인력을 가지는 사람은 사회적 이목을 집중하는 사람으로서 그 성명·초상 등이 시

---

61) 서울서부지방법원 2014. 7. 24. 선고 2013가합32048 판결 등

사보도, 논설 ,창작물 등에 사용되는 경우에 그 사용은 정당한 표현행위 등이기 때문에 수인해야 할 때도 있다. 그러나 유명인들이라고 하더라도 그들의 성명·초상 등 그 자체를 독립하여 감상의 대상이 되는 상품 등으로서 사용하거나, 상품 등을 차별화를 할 목적으로 성명·초상 등을 상품에 붙이거나, 성명·초상 등을 상품의 광고에 사용하는 등 성명·초상 등이 가지고 있는 고객흡인력을 이용할 목적으로 하는 경우에 인격권을 침해하는 것으로서 봄이 상당하다.[62]

---

62) 서울중앙지방법원 2013. 10. 1. 선고 2013가합509239 판결

3
퍼블리시티권

(1) 의의 및 보호의 필요성

퍼블리시티권(Right of Publicity)은 사람의 초상, 성명 등 그 사람 자체를 가리키는 것(identity)을 광고, 상품 등에 상업적으로 이용하여 경제적 이득을 얻을 수 있는 권리를 말한다.

고유의 명성, 사회적 평가, 지명도 등을 획득한 배우, 가수, 운동선수 등 유명인의 경우, 성명이나 초상 등이 상품에 부착되거나 서비스업에 이용되는 경우 상품의 판매촉진이나 서비스업의 영업활동이 촉진되는 효과가 있기 때문에, 이러한 유명인의 고객흡인력은 그 자체가 경제적 이익 내지 가치로 취급되어 상업적으로 거래되고 있으므로, 성명권, 초상권 등 일신에 전속하는 인격권이나 종래의 저작권, 부정경쟁방지 및 영업비밀보호에 관한 법률의 법리만으로는 이를 설명하거나 충분히 보호하기 어렵다.

우리나라에서도 근래에 이르러 연예, 스포츠 산업 및 광고 산업의 급격한 발달로 유명인의 성명이나 초상 등을 광고에 이용하게 됨으로써 그에 따른 분쟁이 적지 않게 일어나고 있으므로 이를 규율하기 위하여, 성명이나 초상, 서명 등이 갖는 재산적 가치를 독점적, 배타적으로 지배하는 권리인 퍼블리시티권이라는 새로운 권리 개념을 인정할 필요성은 충분히 수긍할 수 있다.[63] 다만, 유명인에 대한 프라이버시권의 제약이 일반적으로 용인되던 상황에서 유명인의 경제적 가치를 보호할 필요성에 의하여 인정된 퍼블리시티권의 인정 경위와 성문법주의를 취하는 우리나라에서 아직까지 퍼블리시티권에 관한 실정법이나 확립된 관습법이 존재하지 않는다는 점에 비추어, 퍼블리시티권은 무제한적으로 인정되는 절대적인 권리가 아니라 공공의 이익 또는 다른 사람들의 이에 상충하는 권리들에 의한 한계가 내재되어 있는 상대적 권리에 지나지 않는다.

따라서 퍼블리시티권의 침해를 인정함에 있어서는 표현의 자유(상업적 광고 표현 또한 표현의 자유의 보호를 받는 대상이 됨)[64]와 영업의 자유 등의 보장을 위하여 일정한 한계 설정이 필요하다. 그러므로 유명인의 성명, 초상 등을 허락 없이 인격적 동일성을 인식할 수 있도록 상업적으로 이용하되 광고, 게임 속 캐릭터의 사용 등과 같이 유명인의 성명, 초상 등의 경제적 가치 즉, 유명인의 대중에 대한 호의관계 내지 흡입력이 직접 그 사용자의 영업수익으로 전환되었다고 볼 수 있을 정

---

63) 서울서부지방법원 2014. 7. 24. 선고 2013가합32048 판결 등
64) 헌법재판소 2000. 3. 30.자 99헌마143 결정 등

도로 이용하였다고 인정되어야 퍼블리시티권의 침해를 인정할 수 있을 것이며, 단지 유명인의 외적 요소만을 사용하고, 그 표현에 있어서도 상품 내지 서비스의 설명을 위한 필요 최소한도에 그쳐 유명인의 성명, 초상 등의 경제적 가치가 영업수익으로 전환되었다고 볼 수 없는 경우에는 퍼블리시티권의 침해가 인정될 수 없다.

(2) 최근 퍼블리시티권을 부정하는 판례의 경향

그러나 민법 제185조는 '물권은 법률 또는 관습법에 의하는 외에는 임의로 창설하지 못한다' 라고 규정하여 이른바 물권법정주의를 선언하고 있고, 물권법의 강행법규성은 이를 중핵으로 하고 있으므로, 법률(성문법과 관습법)이 인정하지 않는 새로운 종류의 물권을 창설하는 것은 허용되지 않는다. 그런데 재산권으로서의 퍼블리시티권은 성문법과 관습법 어디에도 근거가 없다. 따라서 법률, 조약 등 실정법이나 확립된 관습법 등의 근거 없이 필요성이 있다는 사정만으로 물권과 비슷한 독점배타적 재산권인 퍼블리시티권을 인정하기는 어렵고, 퍼블리시티권의 성립요건, 양도·상속성, 보호 대상과 존속기간, 침해가 있는 경우의 구제수단 등을 구체적으로 규정하는 법률적인 근거가 마련되어야만 비로소 퍼블리시티권을 인정할 수 있다.[65]

---

65) 서울서부지방법원 2014. 7. 24. 선고 2013가합32048 판결 등

14

관련 판례

퍼블리시티권도 초상권을 이루고 있는 권리 가운데 하나이기 때문에 초창기에 퍼블리시티권이라는 별도의 용어를 사용하지 않고 초상권으로 사용되었다. 그래서 당시 법원에서도 퍼블리시티권 침해를 초상권 침해로 판단하였다. 그러다가 그 후 이러한 권리에 대한 보호의 필요성이 대두되면서 초상권이라는 용어와는 별개로 퍼블리시티권이라는 용어를 사용하기 시작했다.

우리 법원도 독립된 재산권으로서 퍼블리시티권을 인정하면서 그것의 침해를 일반 민법상 불법행위로 간주하여 그 침해에 따른 손해배상을 인정하였다. 그러나 최근에는 퍼블리시티권은 재산적인 권리인데, 성문법을 따르는 우리 법제 하에서 이러한 재산적 권리에 관한 법률이 없는 상태에서 이를 인정할 수는 없다는 판례가 등장하면서부터 퍼블리시티권 침해에 따른 손해배상 청구에 제동이 걸리기 시작했다.

드라마 〈임꺽정 인물화〉 사건[66]

A는 드라마 〈임꺽정〉의 주인공이다.

B회사는 의약품 광고를 일간 신문에 게재하면서, 드라마 주인공 〈임꺽정〉의 특징적인 부분을 모방한 인물화(이하 '이 사건 인물화' 라 함)를 게재하였다.

이에 A는 B회사를 상대로 자신의 승낙 없이 자신의 초상과 비슷한 인물화를 광고에 사용함으로써 초상권을 침해했다고 주장하면서 그에 따른 손해배상을 청구했다.

■ A의 초상권 침해(O)

 B회사의 반박

광고에 게재된 인물화는 드라마 〈임꺽정〉이 아니라 일본 사무라이를 묘사한 것이다.

---

66) 대법원 1999. 1. 27. 선고 98다56355판결

이 사건 인물화는 드라마 〈임꺽정〉 주인공의 실제 모습과 다르고, 수염 등 세부묘사도 완전히 동일한 것은 아니지만, 드라마 주인공으로 분장한 유명 배우의 특징적 부분들이 대부분 표현되어 있고, 드라마를 보았거나 유명 배우를 알고 있는 사람이라면 누구나 이 사건 인물화를 보고 드라마의 임꺽정으로 분장한 유명 배우의 모습을 떠올리기에 충분하므로 초상권을 침해 행위에 해당한다.

평 석

사실 이는 지금의 관점에서 볼 때, 초상권 침해라기보다는 퍼블리시티권 침해라고 봄이 더 타당할 것이다.

〈백지영 사진〉 사건[67]

성형외과의사인 B는 그의 직원을 통하여 운영하고 있던 블로그
(이하 '이 사건 블로그'라고 함)에 B가 운영하는 병원을 링크하고 병
원 로고가 눈에 잘 띄도록 배치한 후, 'OO성형외과 올여름 당당
한 비키니 몸매를 위한 지방흡입'이라는 제목 하에 지방흡입수
술을 홍보하면서, 홍보글과 함께 그 홍보글과는 전혀 무관한 백
지영의 비키니 사진을 게시(이하 '이 사건 게시물'이라고 함)하였다.
이에 대해 백지영은 B의 위와 같은 행위는 자신의 퍼블리시티권
을 침해하는 것이라고 주장하면서 B를 상대로 이에 따른 손해배
상을 청구했다.

■ 퍼블리시티권 자체의 인정(O)

우리 법에 아직 명문의 규정은 없으나, 자기의 성명, 초상
에 대하여 인격권이 인정되는 것과 마찬가지로 이들을 상업
적으로 이용할 권리는 명문의 규정 여하를 불문하고 인정될
필요가 있는 점, 미국, 일본, 독일, 영국, 캐나다, 오스트레

---

67) 서울중앙지방법원 2013. 7. 12. 선고 2013가단30439 판결

일리아 등 다수의 국가에서 법령 또는 판례에 의하여 이를 인정하고 있는 점, 이러한 동일성을 침해하는 것은 민법상의 불법행위에 해당하는 점, 타인의 성명, 초상을 이용하여 경제적 이익을 얻는 것은 부당이득에 해당한다고 봄이 공평의 법 관념에 부합하는 점, 사회의 발달에 따라 이러한 권리를 보호할 필요성이 점차 증대하고 있는 점, 유명인이 스스로의 노력에 의하여 획득한 명성, 사회적인 평가, 지명도 등으로부터 생기는 경제적 이익 또는 가치는 그 자체로 보호할 가치가 충분한 점 등에 비추어 해석상 독립된 재산권으로서 퍼블리시티권을 인정할 수 있다.

■ 백지영의 퍼블리시티권 침해(O)

 B의 반박

퍼블리시티권의 침해가 있기 위해서는 사람의 성명, 초상 등을 상업적으로 무단 이용하는 경우이어야 하는데, 이에 대해 B는 이 사건 게시물에 게재된 백지영의 사진들은 백지영 자신이 운영하는 쇼핑몰의 의류 광고를 위해 백지영 스스로 대중에 공개한 사진으로서 보호받을 초상권이 아닐 뿐만 아니라 B가 운영하는 블로그는 개인 미니홈페이지 성격을 가지고 있어 이러한 블로그에 백지영 스스로 공개한 사진을 게재하는 것은 위법하지 않는다.

법원의 판단

이 사건 블로그는 B가 자신이 운영하는 병원의 홍보 담당자를 통해 병원 홍보를 위해 만든 것으로서 병원 홈페이지와 링크되어 있고, 블로그 이름에도 'OO성형외과'라는 병원의 상호가 들어가 있으며, 블로그 곳곳에 병원 로고가 잘 보이도록 배치되어 있는 등 비상업적인 개인 홈페이지라고 보기 어렵다. 이 사건 게시물 역시 'OO역 OO성형외과 올여름 당당한 비키니 몸매를 위한 지방흡입'이라는 제목 하에 지방흡입수술을 홍보하면서 백지영을 언급하고 백지영의 비키니 사진을 게재하였다.

이러한 점에 비추어 보면, B는 소위 바이럴 마케팅을 모방하여 이 사건 블로그를 운영하여 온 것으로 보이며, 더욱 높은 광고효과를 위해 대중에게 널리 알려진 백지영을 언급하고 백지영의 사진을 게재함으로써 인터넷 포털사이트 등을 통해 이 사건 블로그 내지 게시물의 노출 빈도수를 높이려고 의도하였다고 봄이 상당하므로, B는 백지영의 이름, 초상 등을 상업적으로 이용하였다 할 것이다.

B가 이 사건 게시물에 올린 백지영의 사진들이 B가 운영하는 쇼핑몰 광고를 위해 공개된 사진이라고 하더라도, 위 사진들은 백지영이 자신이 운영하는 쇼핑몰의 의류광고라는 특정한 목적을 위해 게시한 사진으로서 이는 위 쇼핑몰 방문자들에 대한 공개만을 전제한 것일 뿐 위 사진의 무분별

한 공개나 다른 목적을 위한 사용을 묵시적으로 허락한 것이라고 볼 수는 없다. 따라서 B는 백지영의 동의 없이 백지영의 성명, 초상 등을 상업적으로 이용함으로써 백지영의 퍼블리시티권을 침해하였다.

3 퍼블리시티권 자체는 인정했지만 그 침해는 인정하지 않았던 판례

〈수퍼쥬니어 등 사진〉 사건[68]

치과의사인 B는 자신이 운영하는 블로그(이하 '이 사건 블로그'라 함)의 '휴식공간' 란의 '음악' 또는 '뉴스' 란에 최시원 등 슈퍼니주어 멤버들, 박예은 등 원더걸스 멤버들, 소녀시대 윤아, f(x) 크리스탈의 사진(이하 '이 사건 사진들'이라 함)을 각각 게재하였다. 이에 대해 최시원 등이 B를 상대로 퍼블리시티권 침해에 따른 손해배상을 청구한 사안

■ 최시원 등의 퍼블리시티권 자체의 인정(O)

최시원 등은 가수 및 TV 탤런트로서 그들이 획득한 명성, 사회적인 평가, 지명도 등에 비추어 고객흡입력을 갖는 경제

---

68) 서울중앙지방법원 2013. 9. 13. 선고 2013가합7344 판결

적 이익 내지 가치를 가진다고 보이므로, 최시원 등의 퍼블리시티권을 인정함이 상당하다.

■ 최시원 등의 퍼블리시티권 침해(O)

B의 반박

이 사건 블로그에 게재된 사진들은 상업적 목적으로 이용된 것이 아니므로 퍼블리시티권 침해가 아니다.

법원의 판단

이 사건 사진들이 B의 블로그 내에 게시되어 있기는 하나, 블로그 내에 여러 카테고리 가운데 병원의 치료나 시술과는 관계없는 '휴식공간' 란에 위치하고 있고, 위 사진들에 병원 및 치료와 관계되는 어떠한 내용의 기재도 없으며, 제목란에 'OO 치과' 또는 'OO OOO' 라는 기재는 이 사건 블로그 소유자인 OOO 치과 또는 B에 의해 게시됨을 알리는 정도로 보일 뿐 그 이상의 다른 의미를 가지는 기재로는 볼 수 없어, B가 운영하는 병원의 광고에 사용되었다고 할 수 없고, 위와 같은 사진의 기재만으로 이 사건 블로그를 방문하는 고객 입장에서 위 사진의 인물들인 최시원 등이 B의 병원에서 치료 등을 받았고, 그 병원을 광고하는 등 B의 병원과 어떠한 관계가 있는 것으로 오인할 정도는 아니라고 보이므로, B가 위 사진들의 게시로 최시원 등의 대중에 대한 호의관계 내지 흡입력을 직접 이용하여 자신의 영업수익을 얻었다고 볼 수는 없다.

최시원 등의 사진들은 모두 홍보 목적으로 공개된 것들로써 그 사진들이 인터넷 사이트에 게재되는 것을 묵시적으로 허락하였다고 봄이 상당하고, 이 사건 블로그에 그 사진들이 게시된 카테고리, 게시 제목 등에 비추어 보아도 최시원 등의 앨범 출시를 알리거나 노래와 TV 프로그램을 알리는 것 이외에 다른 목적으로 사용된 것도 아니므로, 이 사건 사진들의 이용은 그 촬영 및 공개 목적에 부합되는 범위 내의 이용이라고 보인다. 따라서 최시원 등의 퍼블리시티권 침해는 인정되지 않는다.

4 퍼블리시티권 자체를 부정했던 판례들

최근 들어 성문법주의를 취하고 있는 우리나라 법제 하에서 재산권에 해당하는 퍼블리시티권을 인정하기 위해서는 별도의 법률이 존재해야 한다는 이유로 퍼블리시티권 자체를 인정하지 않는 판례가 등장하기 시작했다.

(1) 성명권·초상권 침해도 부정한 판례

〈장동건 등 성명·사진〉 사건[69]

B는 성형외과·피부과 블로그(이하 '이 사건 블로그'라 함)를 운영하면서 그 블로그에 장동건 등 연예인들의 성명·사진이 포함된 게시물(이하 '이 사건 게시물'이라 함)을 게시하였다. 이에 대해 장동건 등이 B를 상대로 퍼블리시티권 침해를 이유로 한 손해배상청구 소송을 제기한 사안

■ 퍼블리시티권 자체의 인정(X) 및 그 침해(판단 불요)

성문법주의를 취하고 있는 우리나라에서 법률, 조약 등 실정법이나 확립된 관습법 등의 근거 없이 필요성이 있다는 사정만으로 물권과 비슷한 독점·배타적 재산권인 퍼블리시티권을 인정하기는 어렵다. 따라서 우리 법상 재산권으로서의 퍼블리시티권이 인정됨을 전제로 한 장동건 등의 주장은 더 나아가 살필 필요 없이 받아들이지 않는다.

---

69) 서울중앙지방법원 2013. 12. 20. 선고 2013가합7337 판결

■ 초상권 및 성명권 침해(X)

이 사건 블로그에는 'B 소개', '눈 성형 전후 사진' 등 B 성형외과를 홍보하는 카테고리 등이 있는데, 이는 B 성형외과를 홍보하는 카테고리와 완전히 분리되어 있어 이 사건 블로그의 방문자들에게 정보를 제공하거나 흥미를 유발하기 위한 목적으로 만들어진 것으로 보이고, 설령 이 사건 게시물들 가운데 일부의 제목에 B 성형외과의 명칭 및 B 성형외과가 행하는 시술명 등이 부가되어 있다 하더라도 이는 이 사건 게시물들의 게시자를 밝히는 정도로 보일 뿐 다른 의미가 있는 것으로 보이지는 아니하므로, 이 사건 게시물의 게시만으로 위 방문자들의 입장에서 장동건 등이 B가 운영하는 성형외과에서 치료 등을 받은 관계가 있다고 오인할 정도로는 보이지 않는다.

이러한 점 등을 종합하여 볼 때, B가 이 사건 게시물을 이 사건 블로그에 게시함으로써 장동건 등의 대중에 관한 고객흡입력을 이용하여 수익을 얻었다고 보기 어렵다.

따라서 이 사건 게시물의 게시가 장동건 등의 초상권, 성명권을 침해하는 것으로서 위법하다는 점을 전제로 하는 장동건 등의 이 부분 주장은 나아가 더 살펴볼 필요 없이 받아들이지 않는다.

〈연예인 성명 키워드〉 사건[70]

사람들이 네이버 검색창에 특정 키워드를 입력하면 사전에 네이버로부터 해당 키워드를 이용한 광고 서비스를 구매한 광고주의 사이트 주소와 광고 문구가 검색결과 화면의 상단에 게시되도록 하고, 사람들이 그 주소나 광고 문구를 클릭하면 해당 사이트로 연결되도록 해주는 '키워드 광고 서비스'를 제공하는데, 특정 키워드에 대하여 높은 금액을 지급한 광고주의 광고일수록 검색결과 화면의 상단에 게시된다.

웹사이트와 블로그를 통해 의류와 액세서리를 판매하는 광고주들(지마켓 등 오픈마켓 포함)은 자신의 상품 판매 사이트를 홍보할 목적으로 네이버 등으로부터 배용준 등의 성명(예명 또는 실명)과 상품명 등을 조합한 문구(예 : ○○○ 정장, △△△ 목걸이)를 키워드로 등록한 광고서비스를 구입하여, 사람들이 네이버 검색창에 배용준 등의 성명과 해당 상품명을 입력하면 자신의 사이트 주소와 광고 문구가 노출되도록 하는 등 무단으로 배용준 등의 성명을 상업적으로 사용하고 있다.

이에 배용준 등이 네이버 등을 상대로 퍼블리시티권 및 성명권 침해를 이유로 한 손해배상청구 소송을 제기한 사안

---

70) 수원지방법원 성남지원 2014. 1. 22. 선고 2013가합201390 판결

■ 퍼블리시티권 자체의 인정(X) 및 그 침해(판단 불요)

민법 제185조는 '물권은 법률 또는 관습법에 의하는 외에는 임의로 창설하지 못한다'고 규정하여 이른바 물권법정주의를 선언하고 있고, 물권법의 강행법규성은 이를 중핵으로 하고 있으므로, 법률(성문법과 관습법)이 인정하지 않는 새로운 종류의 물권을 창설하는 것은 허용되지 않는다. 그런데 재산권으로서의 퍼블리시티권은 성문법과 관습법 어디에도 그 근거가 없다. 법률, 조약 등 실정법이나 확립된 관습법 등의 근거 없이 그 필요성이 있다는 사정만으로 물권과 비슷한 독점배타적 재산권인 퍼블리시티권을 인정하기는 어렵고, 퍼블리시티권의 성립요건, 양도·상속성, 보호 대상과 존속기간, 침해가 있는 경우의 구제수단 등을 구체적으로 규정하는 법률적인 근거가 마련되어야만 비로소 퍼블리시티권을 인정할 수 있다. 따라서 배용준 등의 위 주장은 더 나아가 살펴볼 필요 없이 이유 없다.

■ 성명권 침해(X)

사람들은 연예인이 착용하였던 옷, 신발, 장신구 또는 그러한 스타일의 상품이 무엇인지, 이러한 상품들을 어디서 살 수 있는지 등 관련 정보를 알고 싶어서 인터넷 포털 사이트의 검색창에 연예인들의 성명과 상품명 등을 조합한 문구(예: ○○정장, △△△ 목걸이)를 입력하는 것이고, 광고주들은 배용준 등이 착용하였던 옷, 신발, 장신구 또는 그러한 스타일의 상품을 손쉽게 지칭하기 위해서 특정 상품의 성능이나 특징을 압축하는 표현으로 배용준 등의 성명과 상품명 등을 조합한 문구 키워드를 사용하였던 것으로 보이며, 인터넷 포털 사이트에서 배용준 등의 성명과 상품명이 조합된 문구가 빈번하게 검색됨으로써 배용준 등의 성명, 배용준 등이 착용하였던 옷 등이 대중들 사이에 화제가 되고, 이것은 배용준 등의 명성, 사회적 인지도가 상승하게 되는 결과로 이어지고(요즘 화제가 되는 공항패션이 대표적인 예이다), 연예인들은 통상 자기의 성명이 널리 일반 대중에게 공개되는 것을 희망 또는 의욕하고 있다는 점에서 위와 같은 키워드 광고 검색이 배용준 등의 평가, 명성, 인상 등을 훼손 또는 저하시킨다고 볼 수는 없다.

게다가 특정 업체들은 해당 상품의 광고 효과를 노리고 연예인들에게 협찬이라는 형태로 옷, 신발, 장신구 등을 무상으로 대여하기도 하는데, 이러한 경우 연예인들은 해당 상품에 대하여 불특정 다수의 입소문 내지 인터넷 검색을 통한 홍보를 의도하고 있다고 할 수 있다. 이러한 점들을 종합하여 보면, 위와 같은 키워드 광고 서비스 또는 그 이용만으로 곧바로 배용준 등의 인격적 법익(성명권)이 침해되었다거나 이로 인하여 배용준 등이 정신적인 고통을 받았다고 할 수는 없다. 따라서 배용준 등의 이 부분 주장도 더 나아가 살펴볼 필요 없이 이유 없다고 할 것이다.

(2) 성명권·초상권 침해를 인정한 판례

〈닮은 꼴 연예인 어플리케이션〉 사건[71]

B회사는 이용자들이 자신이나 타인의 얼굴을 촬영한 사진을 입력하면 이를 분석하여 닮은 꼴 연예인을 찾아내는 어플리케이션(이하 '이 사건 앱'이라 함)을 제작하여 스마트폰 등 통신기기 이용자들에게 무료로 배포했다. 이 사건 앱은 얼굴 사진의 분석 결과 원고들을 비롯하여 닮은 연예인의 사진과 성명이 스마트폰에 표시되게 하는 방식으로 구동되었다. B회사가 비록 이 사건 앱을 무료로 배포했다 해도 배너광고를 통해 광고의 노출 정도에 비례한 광고수익을 얻었다. 이에 수지 등 연예인들은 B회사가 이 사건 앱을 운영함에 있어 수지 등의 성명과 사진을 무단으로 사용하고 연예인인 수지 등의 고객흡인력을 이용하여 소비자들이 이 사건 앱을 이용하게 함으로써 배너광고의 노출을 통한 광고수익을 얻은 것은 수지 등의 성명 및 초상을 상업적으로 이용하여 수지 등의 퍼블리시티권을 침해함은 물론, 초상권 및 성명권도 침해한 것이라고 주장하면서, B회사를 상대로 이에 따른 손해배상을 청구한 사안

---

71) 서울고등법원 2014. 4. 3. 선고 2013나2022827 판결

■ 퍼블리시티권 자체의 인정(X) 및 그 침해(판단 불요)

성문법주의를 취하고 있는 우리나라에서 법률, 조약 등 실정법이나 확립된 관습법 등의 근거 없이 필요성이 있다는 사정만으로 물권과 비슷한 독점·배타적 재산권인 퍼블리시티권을 인정하기는 어려우며, 퍼블리시티권의 성립요건, 양도·상속성, 보호 대상과 존속기간, 침해가 있는 경우 구제수단 등을 구체적으로 규정하는 법률적인 근거가 마련되어야만 비로소 수지 등이 주장하는 바와 같은 퍼블리시티권을 인정할 수 있다. 따라서 우리 법상 재산권으로서의 퍼블리시티권이 인정됨을 전제로 한 수지 등의 위 주장은 더 나아가 살필 필요 없이 이유 없다.

■ 초상권 및 성명권 침해(O)

이 사건 앱에서 사용한 사진이 수지 등의 허락 하에 이미 인터넷에 공개된 사진이라고 하더라도, 이는 연예인인 수지 등이 자신에 대한 홍보에 필요한 한도 내에서 인터넷 이용자들에게 이를 공개하여 이용하도록 한 것이라고 보아야 한다. 이 사건 앱과 같이 다른 기업이 영리 목적으로 그 사진을 함부로 사용하는 것은 수지 등이 예상하거나 허락한 범위를 넘는 것으로서 수지 등의 자기 정보에 대한 통제권 및 초상과 성명이 영리적으로 이용당하지 않을 권리를 정면으로 침해하는 위법한 행위이다.

B회사가 이 사건 앱에서 수지 등의 사진을 직접 판매하거나 상품 등의 판매를 위해 사용하지 않았다는 점, 사진을 왜곡하거나 변형한 바 없다는 점만으로는 B회사의 행위가 정당화될 수 없다. 이 사건 앱은 수지 등과 같은 유명 연예인의 인지도와 고객흡인력에 편승하여 그 이용자를 확보하게 되고 그 늘어난 이용자의 수는 이 사건 앱의 실행화면에 표시되는 배너광고의 노출에 따른 광고수익으로 직결된다.

이 사건 앱을 통한 B회사의 광고매출액에 비추어, B회사가 단지 이용자들의 건전한 오락 활동을 위해서만 이 사건 앱을 제공하였다고 보기 어렵고, 인터넷상의 일반적인 정보에 대한 검색 서비스를 제공하는 인터넷 포털사이트와 이사건 앱이 제공하는 서비스를 동일시할 수도 없다.

이 사건 일부 연예인들이 실제로 이 사건 앱을 이용한 검색결과를 스스로 대중에게 공개하여 홍보에 이용하기도 하는 등 일부 연예인들이 사건 앱을 통하여 부수적으로 홍보 및 대중 노출의 이익을 볼 수도 있다는 사정은 위자료 액수의 산정에서 참작됨은 몰라도, B회사의 불법행위 책임까지 부인할만한 사유가 될 수 없다. 수지 등이 단지 이 사건 앱 출시 후 3년여 동안 법적으로 이의를 제기한 바가 없었다는 사정만으로는 이 사건 앱에 자신의 사진과 성명이 사용되는 것을 묵시적으로 승인하였다고 볼 수도 없다.

이 사건 앱에서 수지 등의 초상과 성명을 사용한 행위는 수지 등의 자기 정보에 대한 통제권 및 초상·성명이 영리적으로 이용당하지 않을 권리를 침해하는 행위로서 그러한 사실만으로도 특별한 사정이 없는 한 정신적 고통이 수반된다고 보아야 하고, 반드시 이 사건 앱을 통한 수지 등 사진의 실제 현출 여부나 횟수가 특정되어야만 비로소 정신적 고통을 인정할 수 있게 되는 것이 아니다.

수지 등이 유명 연예인으로서 공적인 인물이므로 초상·성명 등의 공표를 어느 정도 수인해야 한다고 하더라도, 이 사건처럼 자신의 사진 등이 무단으로 영리적 목적에 이용되는 것까지 그대로 수인해야 한다고 볼 수는 없다. 오히려 수지 등은 자신의 초상과 명성 등을 영리에 이용하여 재산상의 이익을 얻는 것을 주된 직업 활동으로 삼고 있으므로, 그 초상이나 성명을 영리적으로 무단 사용할 경우 비록 그 사용이 명예훼손의 정도에 이르지는 않는 경우라도 수지 등이 자신의 초상과 성명에 대하여 보유하는 권리에 대한 중대한 침해에 해당한다고 보아야 한다.

기타 영상저작물 관련
저작권 사례

1

TV 프로그램
포맷의 저작물성

TV를 시청하다 보면 비슷한 포맷의 예능 프로그램들을 자주 접하게 된다. 일례로 기성 가수들의 노래 경연 프로그램으로 한 때 인기리에 방영되었던 〈나는 가수다〉와 현재까지도 계속 방영 중인 〈불후의 명곡〉 등과 같은 음악예능 프로그램이 있는가 하면, 신인 가수 발굴을 위한 음악예능 프로그램으로 시즌별로 계속 방영되고 있는 〈슈퍼스타K〉와 〈K-POP 스타〉 그리고 이미 종영된 〈위대한 탄생〉 등이 있다. 이러한 음악예능 프로그램들은 '기성 가수들의 노래 경연' 그리고 '신인 가수 발굴을 위한 노래 경연'을 각 소재로 하고 있다. 소재적인 측면에서만 볼 때 이는 저작권법상 보호받을 수 없는 아이디어에 해당하기 때문에 이러한 소재를 베끼는 것만으로는 저작권 침해가 되기 어렵다.

그러나 각 프로그램 포맷의 측면에서 볼 때는 달리 볼 여지가 있다. 포맷이란 '일련의 계속되는 시리즈물 프로그램에서 각각의 에피소드를 구성하는 요소 중에서 변화하지 않고 꾸준히 유지되는 요소들의 집합', '프로그램에 대한 약식기획으로서 프로그램의 시작부터 종료까지 연출자가 보고 지시할 내용을 이야기 하듯 서술한 것'이다.[72] 즉, 포맷은 단순한 소재적인 의미를 넘어서 프로그램을 구성하고 있는 각각의 요소들의 조합 또는 배열이라고 할 수 있고, 이러한 조합 또는 배열이나 프로그램의 전체적인 스토리에 독창성이 있다면 포맷도 저작권법상 보호 대상인 저작물이 될 수 있다.

그리고 포맷과 관련된 저작권 침해 여부 판단은 앞서 우리가 극적저작물 간의 실질적 유사성 여부 판단 기준에서 살펴본 바와 같이, 비록 두 프로그램이 출연자 등의 멘트 등 문자적으로는 비슷하지 않더라도, 포괄적·비문언적으로 비슷하다면 두 프로그램은 실질적으로 비슷하다고 판단할 수 있을 것으로 생각된다. 그리고 이러한 포괄적·비문언적 유사성은 두 프로그램의 근본적인 본질 또는 구조의 유사성 여부에 따라 판단하면 될 것이다. TV 프로그램에 있어서의 근본적인 본질 또는 구조란 전체적인 스토리, 출연자들의 역할, 출연자들 간의 관계, 프로그램 진행방식 등을 의미하는 것이므로, TV 프로그램 간의 포괄적·비문자적 유사성 여부는 결국 이러한 요소들 간의 비교·대조를 통해 이루어진다고 할 수 있다.

---

72) KOCCA 연구보고서 12-40, 「방송포맷의 권리보호 방안 연구」, (2012. 11. 30), 9-11면

SBS 〈짝〉 vs SNL 코리아 〈짝〉 사건[73]

SBS 〈짝〉은 결혼 적령기의 일반 남녀들이 애정촌이라는 공간에 모여 짝을 찾는 과정을 보여주는 리얼리티 프로그램이다.

SNL 코리아는 tvN의 시즌제 코미디 프로그램으로 매주 유명한 연예인이 출연하여 생방송으로 진행되고, 그 주된 구성은 정치나 인물 풍자, 슬랩스틱 코미디 및 패러디 등인데, 그 가운데 〈짝〉은 일반 남녀가 아닌 연기자가 재소자 또는 환자 역할을 맡아 애정 촌에 모여서 짝을 찾는 상황에서 발생하는 여러 가지 사건을 보여주고 있다.

이에 SBS는 CJ E&M을 상대로 SNL 코리아 〈짝〉은 SBS 〈짝〉의 표현방식 등을 모방하였는데, 이는 〈짝〉의 저작권자인 SBS의 저작권을 침해하는 것이라고 주장하면서, B회사를 상대로 이에 따른 손해배상을 청구했다.[74]

---

73) 서울중앙법원 2013. 8. 16. 선고 2012가합80298 판결
74) 이 사건에서 SBS는 부정경쟁방지법상의 부정경쟁행위와 일반 불법행위에 대해서도 주장했으나 여기서는 생략한다.

■ 저작권 침해(X)

1) B회사가 SNL 코리아 〈짝〉을 SBS 〈짝〉에 의거해서 구상, 기획했는지(의거관계 유무)(O)

B회사는 SNL 코리아 〈짝〉이 SBS 〈짝〉의 특정 장면 또는 요소를 모방한 것(패러디한 것)임을 인정하고 있으므로, SNL 코리아 〈짝〉은 SBS 〈짝〉에 의거해서 구상, 기획된 것이라고 할 것이다.

2) SNL 코리아 〈짝〉이 SBS 〈짝〉과 실질적으로 비슷한지(X)

① 저작물의 제목을 표현하는 방식

SBS 〈짝〉에 사용된 ㉦이라는 글자 자체는 그 창작 경위와 이용 실태 등을 고려할 때 순수 서예작품처럼 그 자체로 독립하여 감상의 대상으로 삼기 위해서 창작된 것이라고 보기 어려우므로, 위 글자 자체가 독립된 미술저작물에 해당한다고 할 수 없다. 그리고 글자 부분을 제외한 간판 역시 흰색 바탕을 가진 원형 물체의 내부에 검정색 원을 그려 넣은 것에 불과하여 그 자체로 특별한 창작성을 인정할 요소를 가지고 있다고 보기 어렵다. 따라서 위와 같은 저작물의 제목을 표현하는 방식은 저작권의 보호 대상이 될 수 없으므로, 실질적 유사성 판단에 있어 대비 대상에 해당하지 않는다.

② 등장인물을 표현하는 방식

출연자들에게 서로를 1호, 2호 등으로 지칭하도록 한 것은 저작권의 보호 대상이 되지 않는 아이디어에 불과하다. 그리고 '호'는 어떤 순서나 차례를 나타내는 말로서, 통상적으로 '번'이라는 단어가 사용되기는 하지만, 그렇다고 하여 출연자를 '남자 1호', '여자 1호'라고 칭하는 것 자체에 어떠한 창작적 표현이 포함되어 있다고 할 수 없다.

출연자들이 특정 색(여자는 분홍색, 남자는 파란색), '짝'이라는 글씨와 숫자, '나도 짝을 찾고 싶다'라는 문구가 기재된 유니폼을 입도록 한 것 자체는 아이디어에 불과하여 저작권의 보호 대상이 아니며, 유니폼에 '짝'이라는 제목과 출연자들을 지칭하는 숫자를 표시한 것 자체는 흔히 사용되는 방식으로 SBS 〈짝〉만의 독창적인 표현에 해당한다고 할 수 없다.

'나도 짝을 찾고 싶다'라는 문구 역시 짧은 단어로 이루어진 문장으로 문장의 내용자체 이외에 별도의 창작적 표현이 존재하다고 보기 어렵다. 또한 하얀 가로 바탕 위에 특정한 문구를 기재하여 유니폼의 뒷면에 부착한 것 역시 그 자체로 어떤 창작성이 있는 표현에 해당한다고 할 수 없다.

③ 출연자 집단별 저작물 제목 표현

'애정촌'이란 사랑하는 마음을 뜻하는 '애정'과 마을을 뜻하는 '촌'을 결합한 단어로 그 자체로 짧은 단어의 조합에 불과하여 창작적 표현이라 할 수 없다. 그리고 통상 사용되는 'O회' 대신에 '애정촌 O기'라고 각 회차를 지칭하거나 주제 또는 출연자들의 특성에 따라 'OOOO 특집'이라는 문구를 추가하였다 하더라도 이는 단순한 아이디어에 불과하거나 흔히 사용되는 방식에 불과하여 창작적 표현에 해당한다 할 수 없다.

④ 상황과 공간을 표현하는 방식(애정촌과 12강령)

족자에 '짝 12강령'을 적어서 걸어 놓는다는 것 자체는 단순한 아이디어에 불과하고, 영상저작물에 흔히 사용되는 방식이므로 달리 창작적 표현에 해당한다고 할 수 없다.

'짝'이라는 글자가 새겨진 동그란 표지 옆으로 펜션을 보여주는 방식의 경우, 이는 영상저작물의 제목 또는 제목이 새겨진 장식물과 함께 영상저작물에서 사건이 진행되는 배경 장소를 비추는 방식으로서 그 자체로 독창적 표현이라 할 수 없다.

⑤ 출연자의 등장 방식

출연자들의 차가 도착하는 모습, 차에서 내려서 애정촌 펜
션 앞마당으로 들어오는 모습 등의 구성 자체는 아이디어에
해당하거나 다른 리얼리티 프로그램에서도 흔히 사용되는
것으로 위 방식 자체에 어떠한 창작적 표현이 존재한다고 보
기 어렵다.

⑥ 자기소개의 표현 방식

자기소개를 위하여 배경이 되는 장소에 출연자들이 모이고
1명씩 나아가 자기소개를 하는 방식 자체는 이를 표현할 수
있는 다른 방식이 없을 뿐만 아니라 흔히 사용되는 것에 불
과하여 창작성이 있는 표현이라 할 수 없고, 달리 위 장면에
다른 영상저작물과 구별되는 독창적인 화면 구성 또는 촬영
기법이 사용되었다고 보기도 어렵다.

⑦ 등장인물의 마음을 표현하는 방식(도시락 선택)

도시락을 들고 마음에 드는 이성을 선택하여 그 이성과 함
께 도시락을 먹는다는 설정 자체는 아이디어에 불과하여 저
작권법에 의하여 보호받는 창작적 표현이라 할 수 없다.

도시락 선택 장면에서 제작진이 확성기로 "오늘의 도시락 선
택은 여자들이 먼저 하는 걸로 하겠습니다. 출발", "남자

O호는 함께 식사하고 싶은 여자 옆에 서 주세요"라고 외치
는 장면은 단순히 도시락 선택 과정의 진행을 위한 안내 문
구에 불과하고 달리 창작적 요소를 포함하고 있지 않다.

⑧ 제작진과의 속마음 인터뷰

출연자의 상반신을 비춘 상태에서 출연자가 자신의 생각을
이야기하고, 출연자의 신상을 간단히 기재한 파란색 박스를
화면에 표시하며, 출연자들이 말하는 속마음을 자막으로 보
여주는 방식은 SBS 〈짝〉과 같은 짝짓기 프로그램에서 널리
사용되는 것으로 위 방식 자체에 새로운 창작성이 부여되어
있다고 보기 어렵다.

⑨ 가족과의 전화 통화

지정된 전화기를 이용하여 가족과 통화하도록 하는 방식은
아이디어의 영역에 속하는 것이며, 출연자뿐만 아니라 전화
상대방의 대화 내용이 그대로 음성 및 자막으로 표현되고,
'여자 O호와 통화'라는 내용이 기재된 박스 및 핸드폰 전화
기 그림의 모습을 화면에 표시하는 것은 일반 예능 프로그
램에서 출연자와 상대방의 통화 장면에 흔히 사용되는 방식
에 불과하여 이를 창작적 표현이라 할 수 없다.

⑩ 데이트권을 얻기 위한 게임

출연자들이 특정 게임을 한 후 승자가 데이트권을 사용하여 다른 출연자와 데이트를 하는 방식 등은 단순한 아이디어에 불과하다. 데이트권이라는 문구는 데이트를 할 수 있는 권리를 의미하는 것으로 단순한 단어의 조합에 불과하며, "오늘 데이트권은 저기 있는 깃발을 가지고 오는 분에게 드리도록 하겠습니다. 자 출발"이라는 문구 역시 게임의 규칙 및 게임의 시작을 알리는 내용에 불과하여 창작성이 있는 표현이라 할 수 없다.

⑪ 프로그램 종료 마지막 장면

'크리스마스를 짝과 보내고 싶은 짝 없는 청춘 남녀의 출연 신청을 기다립니다' 등의 문구는 프로그램 참가 신청에 관한 안내문구로 그 자체에 어떤 독창성이 있다고 할 수 없다. 파란색의 박스 안에 SBS의 홈페이지 주소가 기재된 부분, 검색어 창 형태의 박스 내부에 '짝'이라는 문구와 그 옆에 검색이라는 문구가 기재된 부분 역시 안내를 위한 내용에 불과하고 달리 독창성 있는 표현에 해당한다고 볼 수 없다.

⑫ 내레이션을 통한 사건 전개

관찰자적 입장을 강조하기 위하여 평서체 및 문어체를 사용한 것, 일반다큐멘터리의 내레이션에 비하여 목소리의 톤을

높게 한 것, 주 시청자층인 20 ~ 30대에 맞추어 내레이션의 속도를 빠르게 한 것 등은 내레이션을 위한 아이디어에 불과하며, SBS 〈짝〉의 내레이션이 저작자에 의해서 특수한 성격이 묘사된 인물을 포함한 총체적인 아이덴티티(identity, 정체성) 즉, 캐릭터 저작물의 일부에 해당하는 것이 아닌 이상 성우의 음색 자체가 창작적 표현에 해당한다고 할 수는 없다.

⑬ 대사의 동일, 유사성

상황 설명을 위한 내레이션, 제작진의 규칙 소개, 진행을 위한 안내 대사는 단순히 정보 전달을 위한 내용에 불과하거나 이미 관용적으로 사용되는 표현을 SBS가 인용한 것에 불과하여 창작적 표현에 해당한다고 볼 수 없다.

SBS 〈짝〉의 내레이션 가운데 "우리는 모두 애정의 시대를 살고 있다. 당신은 그리고 당신의 짝은 애정촌 그 누구와 닮아 있는가"라는 문구는 사회의 축소판인 애정촌이라는 장소, 상황을 설정하고 그 안에서 결혼 적령기인 일반 남녀가 실제 짝을 찾아가는 과정을 통해서 한국인의 짝에 대한 희생과 배려, 그리고 사랑을 돌아보게 한다는 SBS의 기획 의도가 함축적으로 표현된 문구로서 창작성이 인정되는 표현에 해당한다.

한편, SNL 코리아 〈짝〉에서는 위 문구가 애정촌에 모인 재소자들이 서로를 폭행하는 등 난동이 일어난 상황에서 방화

범인 남자 4호가 그 기회를 이용하여 불을 질러 펜션에 화재가 발생한 장면 등에서의 내레이션 문구로 사용되었다.

따라서 비록 SNL 코리아 〈짝〉에 위와 동일하거나 비슷한 문구가 사용되었더라도, 그 취지가 SBS 〈짝〉과 같지 않는다.이 명백하여, SBS 〈짝〉과 SNL 코리아 〈짝〉에서의 위 문구가 표현하고 있는 것이 동일하거나 비슷하다고 단정하기 어렵다.

3) 소결

SBS 〈짝〉과 SNL 코리아 〈짝〉에서 일부 유사해 보이는 장면 등이 발견되기는 하지만, SNL 코리아 〈짝〉에서 비슷한 부분이 차지하는 질적·양적 비중이 미미하고, SBS 〈짝〉의 저작권법 보호 대상이 되는 창작적 특성이 SNL 코리아 〈짝〉에서 감지된다고 보기 어렵고, SNL 코리아 〈짝〉는 출연자들 사이의 구체적 사건을 SBS 〈짝〉과는 다르게 표현해 냄으로써 그 표현 형식에 상당한 차이가 있으므로, SBS 〈짝〉과 SNL 코리아 〈짝〉가 실질적으로 비슷하다거나 종속관계에 있다고 보기는 어렵다.

따라서 SBS 〈짝〉과 SNL 코리아 〈짝〉 사이에 실질적 유사성이 인정됨을 전제로 한 SBS의 저작권 침해 주장은 더 나아가 살펴볼 필요 없이 이유 없다.

이 사건은 SNL 코리아 〈짝〉이 SBS 〈짝〉의 패러디물로서 저작권 침해 여부가 문제된 사안이었다. 위에서 살펴본 바와 같이, SBS측이 저작권 침해라고 주장하는 부분들은 대부분 아이디어적인 것이거나 흔히 사용되는 것 또는 그 자체에 창작적 표현이 없는 것 즉, 저작물성이 없는 것들이었다.

따라서 이러한 것들은 실질적 유사성 판단 시 비교되는 대상에서 제외되기 때문에 그러한 부분과 동일 또는 비슷하다는 이유로 저작권 침해를 주장하면 저작권 침해가 될 리가 없게 된다. 결국 이 사건은 SBS 〈짝〉을 구성하는 요소들의 비저작물성으로 인해 저작권 침해가 인정되지 않았다.

SBS 〈짝〉의 내레이션 가운데 "우리는 모두 애정의 시대를 살고 있다. 당신은 그리고 당신의 짝은 애정촌 그 누구와 닮아 있는가"라는 문구와 관련해서는 법원이 이것의 저작물성을 인정하면서도 SNL 코리아 〈짝〉이 위와 동일 또는 비슷한 문구를 사용한 장면의 취지가 SBS 〈짝〉의 그것과 다르다는 이유로 실질적 유사성을 부인했으나, 사견으로는 위와 같이 창작성 있는 표현에 해당하는 내레이션의 대사를 그대로 인용한 것이라면 해당 장면들이 내포하고 있는 취지가 다르더라도 이는 실질적으로 비슷한 것으로 보이고 다만, 이에 대해서는 공표된 저작물의 인용 등 공정이용에 따라 저작권 침해를 부인하면 될 것으로 생각된다.

한편, 이 사건에서 SBS는 SBS 〈짝〉에 있어서 '첫 만남 – 각자의 프로필 공개 – 프로필 공개 후 상대 선택 – 원하는 상대로부터 선택 받기 위한 동성 간의 경쟁 및 이성 간의 교감 – 최종 선택'과 같은 일반적인 소재 및 전개에 대한 저작권 침해를 주장하는 것이 아니라(영상저작물의 소재의 조합, 구성 내지 방송 포맷에 대한 보호를 주장하는 것이 아니라는 의미), 각 단계에 보이는 독창적인 표현에 대해 저작권 침해를 주장하였다.

그러나 이 사건에서 SBS가 주장한 〈짝〉의 단계별 요소들에 대한 저작권 침해 주장과 함께 위 요소들이 아이디어 등으로 인해 그 자체가 저작물에 해당하지 않을 것에 대비해서 각 아이디어 등의 조합 내지 배열 즉, 방송 포맷에 독창성이 있다는 점을 주장해서 이에 관한 법원의 판단을 받아 볼 수도 있었을 것으로 생각된다.

즉, 포맷은 단순한 소재적인 의미를 넘어서 프로그램을 구성하고 있는 각각의 요소들의 조합 또는 배열이라고 할 수 있고, 이러한 조합 또는 배열이나 프로그램의 전체적인 스토리에 독창성이 있다면 포맷도 저작권법상 보호 대상인 저작물이 될 수 있다. 따라서 SBS 〈짝〉과 SNL 코리아 〈짝〉의 '근본적인 본질 또는 구조' 즉, 전체적인 스토리, 출연자들의 역할, 출연자들 간의 관계, 프로그램 진행방식 등에 해당하는 포맷의 실질적 유사성 여부에 대해서도 한 번 생각해 볼 필요는 있을 것으로 생각된다.

┌2┐
영상저작물에 대한
특례

우리 저작권법은 영상저작물을 저작물의 예시 가운데 하나
로 규정하고 있다(저작권법 제4조 제1항 제7호). 영상저작물은 어문,
음악, 미술 등 여러 장르의 저작물들이 거기에 녹아 있는 종
합예술이기 때문에, 그 저작자들과 저작인접권자들이 다수
존재할 수밖에 없다. 그래서 영상제작자와 영상제작에 참여
한 자 간에 권리관계를 미리 정해 두지 않으면 그에 관한 분
쟁이 발생할 소지가 높다. 이에 저작권법에서는 이러한 것을
일률적으로 규정함으로써 영상제작과 그것의 원활한 이용
등을 도모하기 위한 '영상저작물에 관한 특례' 규정을 별
도로 두고 있다. 다만, 당사자 간의 별도의 계약이 존재하는
경우에는 이러한 특례규정이 적용되지 않고 그 개별 계약의
내용에 따르면 된다.

1 저작물 영상화의 허락 추정

저작재산권자가 저작물의 영상화를 다른 사람에게 허락한
경우에 특약이 없는 때에는 일정한 권리를 포함하여 허락한
것으로 추정한다(저작권법 제99조 제1항).

즉, 저작재산권자는

① 영상저작물을 제작하기 위하여 저작물을 각색하는 것,
② 공개 상영 목적의 영상저작물을 공개 상영하는 것,
③ 방송 목적의 영상저작물을 방송하는 것,
④ 전송 목적의 영상저작물을 전송하는 것,
⑤ 영상저작물을 그 본래의 목적으로 복제·배포하는 것,
⑥ 영상저작물의 번역물을 그 영상저작물과 같은 방법으로
이용하는 것 등을 포함하여 허락한 것으로 추정한다.

이와 관련하여 음악저작권자가 자신이 저작권을 가지고 있
는 음악을 영화 OST로 삽입하는 것을 허락한 것이 저작권법
제99조 제1항에서 말하는 '영상화에 관한 허락'인지 여부가
다투어진 사안에서 법원은 "영상저작물의 제작에 관계된 사
람들의 권리 관계를 적절히 규율하여 영상저작물의 원활한
이용과 유통을 도모하고자 하는 이 조항의 취지와 규정 내
용 등에 비추어 보면, 여기서 말하는 영상화에는 영화의 주
제곡이나 배경음악과 같이 음악저작물을 특별한 변형 없이
사용하는 것도 포함되고, 이를 반드시 2차적저작물을 작성
하는 것으로 제한 해석해야 할 것은 아니다"[75] 라고 판시한
바 있다.

즉, 음악의 영상화가 반드시 그 음악을 이용하여 뮤직비디오
등을 제작하는 것만을 의미하는 것이 아니라, 그 음악을 주

---

75) 대법원 2016. 1. 14. 2014다202110 판결

제곡 등으로 삽입하는 것도 포함된다는 것이다. 따라서 음악 저작권자가 영화 제작자에게 해당 음악의 삽입을 허락했다면, 저작권법 제99조 제1항 제2호에 따라 그 음악을 공연하는 것도 허락한 것으로 봄이 상당한 것이다.

또한 저작재산권자는 그 저작물의 영상화를 허락한 경우에 특약이 없는 때에는 허락한 날부터 5년이 경과한 때에 그 저작물을 다른 영상저작물로 영상화하는 것을 허락할 수 있다(저작권법 제99조 제2항). 이는 저작재산권자가 일단 그의 저작물의 영상화를 허락하였다면 허락한 날로부터 5년간은 다른 영상저작물을 영상화하는 것을 허락하지 못하도록 제한하는 규정이다.

2 영상저작물의 권리 관계

(1) 영상저작물 제작에 협력하는 자의 저작권 양도 추정

영상제작자와 영상저작물의 제작에 협력할 것을 약정한 자가 그 영상저작물에 대하여 저작권을 취득한 경우 특약이 없는 한 그 영상저작물의 이용을 위하여 필요한 권리는 영상제작자가 이를 양도 받은 것으로 추정한다(법 제100조 제1항).

여기서 '영상저작물의 제작에 협력한 것을 약정한 자'라고 함은 저작권법 제100조 제2항과의 관계 및 실연자에 관하여 규정하고 있는 법 제100조 제3항을 고려해 볼 때, 원저작물의 저작자와 감독, 촬영감독 등 영상저작물의 작성에 저작자로서 참여한 자를 의미하는 것으로 해석하는 것이 타당하다고 보인다. 본 규정에 의하여 영상저작물의 제작에 협력하는 자가 양도하는 것으로 추정되는 권리는 영상저작물의 이용을 위해 필요한 복제권과 배포권 등은 이에 포함되지만, 2차적저작물작성권과 저작인격권은 포함되지 않는다.

(2) 원저작물에 관한 저작재산권

영상저작물의 제작에 사용되는 소설·각본·미술저작물 또는 음악저작물 등의 저작재산권은 비록 원저작물의 저작자가 영상저작물에 대해 가지는 권리가 영상제작자에게 양도되는 것으로 추정된다고 하더라도, 영상저작물로서의 이용이 아닌 원저작물의 원래의 이용 즉, 소설의 경우에는 그 소설을 출판하는데 그 소설을 이용할 수 있다(저작권법 제100조 제2항).

(3) 실연자의 양도 추정

영상제작자와 영상저작물의 제작에 협력할 것을 약정한 실연자의 그 영상저작물의 이용에 관한 복제권, 배포권, 방송권 및 전송권은 특약이 없는 한 영상제작자가 이를 양도 받은 것으로 추정한다(법 제100조 제3항). 이는 영화배우 등 실연자가 영상제작과 관련하여 영상제작자로부터 실연에 상응하는 보상을 받는다는 점을 감안한 것이다.

다만, 이러한 실연자의 저작인접권에 관한 양도추정규정은 그 영상저작물의 이용에 관한 경우에만 타당한 것이므로, 영상제작자가 다른 영상저작물 등으로 이용하고자 하는 경우에는 실연자로부터 별도의 허락을 받아야 한다. 이와 관련하여 〈가라오케용 LD〉 사건은 영화의 일부 장면을 가라오케용 LD음반에 실어서 문제가 되었다.

〈가라오케용 LD〉 사건[76]

A회사는 영화 제작사들로부터 영화 장면의 사용 승낙을 받아 가요 영상 레이저 디스크(이하 'LD'라고 함)를 제작·판매하였다.

그러나 해당 영화 장면에 등장하는 배우들의 허락은 별도로 받지 않았다.

이에 그 해당 영화 장면에 등장하는 배우들이 A회사의 위와 같은 LD 제작·판매 행위는 실연인 자신들의 실연에 관한 권리를 침해하는 것이라고 주장하였고, 이에 따라 결국 A회사와 그 대표가 기소되었다.

---

76) 대법원 1997. 6. 10. 선고 96도2856 판결

■ 영화 장면을 영화 상영 등 원래의 용도 이외 목적으로 사용하고
자 하는 경우 영화에 등장한 배우로부터 별도의 허락을 받아야
하는지(O)

 A회사 등의 반박

저작권법 제100조 제3항[77])에는 '영상제작자와 영상저작물
의 제작에 협력할 것을 약정한 실연자의 그 영상저작물의
이용에 관한 제69조의 규정에 따른 복제권, 제70조의 규정
에 따른 배포권, 제73조의 규정에 따른 방송권 및 제74조의
규정에 따른 전송권은 특약이 없는 한 영상제작자가 이를
양도 받은 것으로 추정한다' 라는 특례규정을 두어, 실연자
가 영상저작물에 대해 갖게 되는 실연자의 권리는 영상제작
자에게 양도되는 것으로 추정[78])하고 있다.

A회사는 LD를 제작·판매함에 있어 영상저작물에 관한 실
연자의 권리를 양수받은 영화 제작사들로부터 영화 장면의
사용 승낙을 받았으므로, 별도로 실연자로부터는 사용 허락
을 받을 필요가 없다.

 법원의 판단

저작권법 제69조 등[79])에는 실연자의 실연에 대한 복제권, 실
연자의 복제물을 배포할 권리 등에 관해 규정하고 있다. 그
리고 저작권법 제100조 제3항에는 영상저작물의 제작에 협

력할 것을 약정한 실연자의 그 영상저작물의 이용에 관한 복제권 등은 영상제작자에게 양도되는 것으로 추정된다는 특례규정을 두고 있으나, 이러한 규정에 의해 영상제작에게 양도된 것으로 추정되는 '그 영상저작물의 이용에 관한 실연자의 복제권 등'이란 그 영상저작물을 본래의 창작물로서 이용하는데 필요한 복제권 등을 말한다고 보아야 한다.

따라서 영화 상영을 목적으로 제작된 영상저작물 가운데 특정 배우들의 실연 장면만을 모아 가라오케용 LD 음반을 제작하는 것은, 그 영상저작물을 본래의 창작물로서 이용하는 것이 아니라 별개의 새로운 영상저작물을 제작하는데 이용하는 것에 해당하므로, 영화배우들의 실연을 LD 음반에 복제하는 권리는 저작권법 제100조 제3항에 의하여 영상제작자에게 양도되는 권리의 범위에 속하지 않는다.

B회사 등이 해당 영화에 등장한 배우들의 사용 허락 없이 그 영화 제작사들로부터의 사용 승낙만을 받은 채 가라오케용 LD 음반을 제작·판매한 것은 영화배우들의 복제권을 침해하는 것이므로, 저작권법 위반에 해당한다.

---

77) 현행 저작권법 규정
78) 구 저작권법은 '추정'이 아니라 '간주'로 규정하고 있었다.
79) 현행 저작권법 규정

3 외주 영상저작물의 저작권 귀속

최근 방송과 관련하여 영상저작물을 외주제작에 의존하는 비율이 증가하고 있음에도 불구하고, 아직까지도 방송사와 외주제작업체 간에는 외주제작 프로그램에 관한 저작권 귀속을 놓고 첨예하게 대립하고 있다.

외주제작의 형태는 ① 독립제작사가 모든 기획과 비용을 투자하여 영상저작물을 제작한 후 차후 방송사와 계약을 체결하는 형태인 '완전외주', ② 방송사와 독립제작사가 공동으로 영상저작물을 제작하는 '공동제작', ③ 독립제작사가 방송사의 물적·인적 설비를 이용하여 영상저작물을 제작하는 '위탁제작'이 있다.[80]

완전외주 형태의 경우에는 독립제작사가 당해 영상저작물의 제작자로서 저작권을 갖는 것에 큰 무리가 없겠지만, 현실적으로 대부분의 외주제작형태는 공동제작 내지 위탁제작에 해당하기 때문에 이와 관련된 저작권 귀속이 논란이 되고 있는 것이다. 결국 외주제작의 경우 문제가 되는 것은 누가 영상저작물의 제작자로서 당해 저작물의 제작 과정을 실질적으로 통제하고 감독하면서 그 제작 과정에서 실질적인 역할을 하였는가 즉, 영상저작물 제작을 전체적으로 기획하고 실질적으로 관리·감독한 자가 누구인지가 관건이라 할 것이다.

---

80) 나낙균, 방송영상저작권(2010년), 이호웅, 83면

영상저작물은 아니지만 광고물 사진 저작권과 관련하여 하급심 판례에서는 "사진 저작물에 관한 저작권은 일단 그 사진 저작물을 제작하는 자에게 원시적으로 귀속되는 것이 원칙이나, 사진 저작물이 광고물이고 그 광고물 제작에 있어서 광고물 제작자가 타인의 의뢰를 받아 광고물을 제작한 경우, 그 광고물 제작 의뢰자가 그 제작 과정을 실질적으로 통제하고 감독하면서 그 제작 과정에서 실질적인 역할을 하였다면, 그 광고물의 저작권은 원시적으로 광고물 제작 의뢰자에게 귀속된다고 할 것이며, 설령 그 광고물의 저작권이 원시적으로 광고물 제작자에게 귀속된다고 하더라도 그 후 광고물 제작자가 별다른 약정 없이 광고물 제작 의뢰자에게 광고물인 사진 원판을 양도하였다면 이는 그 광고물의 저작권 전부를 광고물 제작 의뢰자에게 양도한 것으로 봄이 상당하다"라고 판시한 바 있다.[81]

---

81) 서울남부지방법원 1996. 8.23. 선고 96가합2171 판결

3
음란물의
저작물성

특허법, 상표법 및 디자인보호법에는 선량한 풍속에 반하는 지적재산권은 보호 대상이 아님을 명백히 하고 있다. 그렇다면 저작권법도 선량한 풍속에 반하는 것을 보호해 주지 않는 것일까? 이와 관련하여 문제가 된 것이 바로 '음란물의 저작권법적 보호문제'이다.

이러한 음란물의 저작물성이 다투어진 〈음란물〉 사건에서 대법원은 "저작권법은 제2조 제1호에서 저작물을 '인간의 사상 또는 감정을 표현한 창작물'이라고 정의하는 한편, 제7조에서 보호받지 못하는 저작물로서 헌법·법률·조약·명령·조례 및 규칙(제1호), 국가 또는 지방자치단체의 고시·공고·훈령 그 밖에 이와 비슷한 것(제2호), 법원의 판결·결정·명령 및 심판이나 행정심판절차 그 밖에 이와 비슷한 절차에 의한 의결·결정 등(제3호), 국가 또는 지방자치단체가 작성한 것으로서 제1호 내지 제3호에 규정된 것의 편집물 또는 번역물(제4호), 사실의 전달에 불과한 시사보도(제5호)를 열거하고 있을 뿐이다.

따라서 '저작권법의 보호 대상이 되는 저작물'이라함은 위열거된 보호받지 못하는 저작물에 속하지 아니하면서 인간의 정신적 노력에 의하여 얻어진 사상 또는 감정을 말, 문자, 음, 색 등에 의하여 구체적으로 외부에 표현한 것으로서 '창작적인 표현 형식'을 담고 있으면 족하고, 그 표현되어 있는 내용 즉 사상 또는 감정 그 자체의 윤리성 여하는 문제되지 않는다고 할 것이므로, 설령 그 내용 중에 부도덕하거나 위법한 부분이 포함되어 있다 하더라도 저작권법상 저작물로 보호된다"[82]라고 판시함으로써, 음란물의 저작물성을 인정한 바가 있다. 따라서 음란물이라고 하더라도 그것이 창작적 표현에 해당한다면 저작권법에 의해 보호받을 수 있는 것이다.

---

82) 대법원 2015. 6. 11. 선고 2011도10872 판결